奥田弘美
著

One Minute, bring Mindfulness everywhere

ストレスと疲れが
みるみる消える！

1分間どこでも
マインドフルネス

マネジメントセンター

あなたは、今、どんな気持ちでこの本を開いていますか？

あなたが、今感じている「イライラ」や「プレッシャー」

過去から引きずっている「うつうつ」や「もやもや」

先々起こるかもしれないことへの「不安」や「心配」

この本では、こうした現在・過去・未来に渡って

あなたが抱えているストレスを、

今注目の「マインドフルネス瞑想」という手法を使って

解消する方法を紹介します。

「マインドフルネス」とは、
ひと言で言うと「気づき」のこと。
それも、「今という瞬間に起こっていること」に
注意を向けて気づくこと。

この「今、ここの気づき」を重ねていくことによって、
心を整えて、落ち着いて
現実に対処していくことができるようになり、
よりよい人生を拓いていくことができるのです。

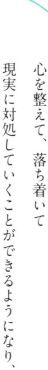

「マインドフルネス瞑想」とは、
あなたの「気づく」能力を高めるための
日常の脳と心のトレーニング方法だと考えてください。
トレーニングといっても、構える必要はありません。
まずは、朝・昼・夜、あなたの好きなとき、好きな場所で、
「1分間」から取り組んでみましょう。

さあ、あなたもこの頁をめくって、
さっそく今日、今、ここから
「マンドフルネス」な生活をはじめてみませんか。

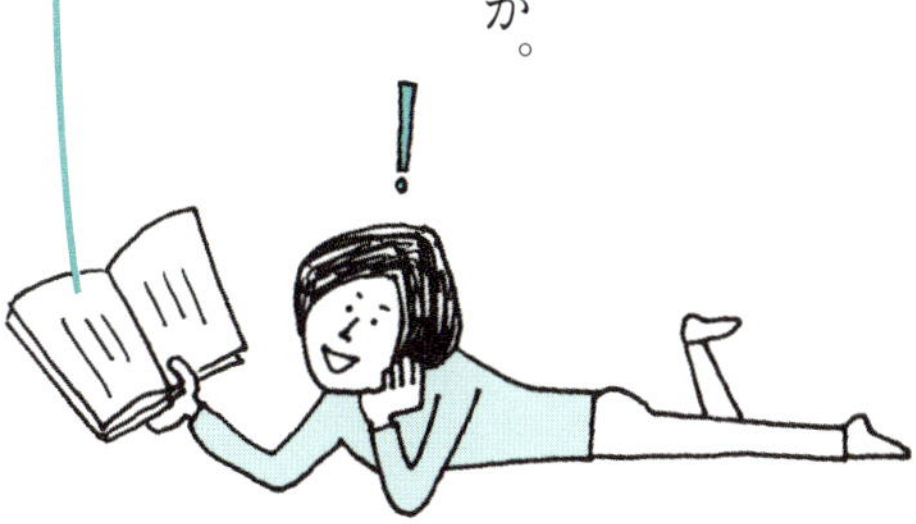

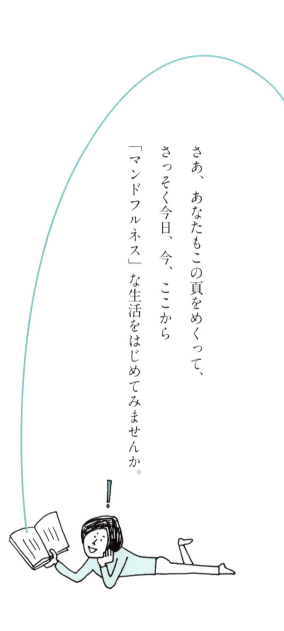

序章

マインドフルネスって？

第1章

朝の目覚めのマインドフルネス

~1日のはじまりにエネルギーを高め、清々しい気持ちをつくり出す~

第2章

日中のイライラと緊張を逃がすマインドフルネス

~脳と体の疲労を予防しながらベストパフォーマンスをキープする~

第3章

帰宅後に心と体をリラックス状態に誘うマインドフルネス

〜興奮を鎮め、やすらかな眠りと回復の時間へ〜

序章

マインドフルネスって？

序章では、かんたんなワークを通じてマインドフルネス瞑想を体験してみましょう。
本書で紹介するマインドフルネス瞑想がより楽しく続けやすくなります。

序 01

マインドフルネスにはどんな効果があるの？

マインドフルネス瞑想を日常生活で活用すると、どのような効果があるのでしょうか？

まず心や脳が「穏やかに休息する時間」を定期的に持てるようになります。

時間に追われ、情報に駆り立てられ、人づきあいに煩《わずら》わされ、もみくちゃになっていた脳や心が、木漏れ日の中でほっと憩うような安らぎのひとときを持てるようになってきます。

それと同時に、心や脳にたまったイライラ、怒り、不安、心配といった、あなたを苦しめるストレス感情に素早く正しく気づくことができるようになります。

するとと、次第にそれらをスーッと流すことができるようになり、ストレス感情の渦に飲み込まれてふりまわされることが少なくなっていくのです。


このように、マインドフルネス瞑想を日々の生活の中で続けていると心が穏やかになり、気持ちが爽やかに澄んだ時間が少しずつ増えはじめます。

そして脳に疲れがたまりにくくなり、心があちこちに散乱するのが抑えられるため、「今、ここ」の瞬間を集中して大切に過ごすことができるようになっていくのです。

すると、今、するべき仕事や活動がスムーズに進めやすくなっていきます。

またストレスを抱えているときに起こりがちな「イライラ」や「八つ当たり」が減るために、あなたの大切な人間関係が平和に穏やかに整っていきます。


こうした素晴らしい効果が医学的科学的に実証されてきたために、「マインドフルネス瞑想」は、現在、様々な分野で様々な形で体系づけられています。

例えば医療分野ではマインドフルネスストレス逓減《ていげん》法やマインドフルネス認知療法としてうつ病や不安障害といったメンタル疾患の治療に活用されています。(1)(2)

またビジネス領域でも、ビジネスパーソンが集中力を高める方法として近年特に注目を集めています。

アメリカのグーグル社では、２００７年からマインドフルネス瞑想を取り入れた独自のリーダーシップ研修が行われていることはあまりにも有名ですが、近年ではシリコンバレーのＩＴ企業のほか、ゴールドマンサックスやＰ＆Ｇ社など様々な企業でマインドフルネス瞑想を取り入れたトレーニングが導入されています。(3)(4)

またイギリスでは、学校教育の現場への導入が始まっていて、「子どもの感情の安定性や幸福度が増した」などの結果が出てきています。(5)

しかしながら現在こうした分野で紹介されているプログラムや手法は内容が難しかったり、時間をかけなければできなかったりするために、まだまだ一部の専門家や愛好家の間でしか広まっていません。一般の人が忙しい日常の中で気軽に実践するには、ややハードルが高いのが実情です。

そこで本書では「忙しい人でも気軽に実践できるマインドフルネス」にこだわりました。

私自身が、精神科医であり2児の母親であり執筆家という多忙な日々を送りつつも楽しく無理なく実践できたもので、かつ効果を感じるマインドフルネス瞑想法をピックアップし、医学的なストレス解消法とともにご紹介していきます。

（注）この章でご紹介する3つの効果は、あくまで一般の方が日常生活の中で手軽に行うマインドフルネス瞑想を通じて得られる効果です。
いわゆる「悟り」を目指した瞑想修行や病的症状の治療を目的とする集中プログラムで得られる効果ではありません。

序

02

マインドフルネス瞑想の３つの効果①

思考を休め脳と心の緊張を取る休息効果

やってみよう

呼吸に気づくワーク

①まずは、今から鼻先を意識して、息の流れを感じてみてください。

目を閉じたほうが感じやすくなるので、できれば軽く目を閉じましょう。

②とりあえず5回、ゆっくりと呼吸しながら、鼻先を通過する空気の流れに感覚を集中させましょう。

鼻腔に入る空気が粘膜に感じられますよね？　その空気が鼻の奥へ入っていく感じもしっかりキャッチしてみてください。

空気を吸い込んだあとは、今度は鼻腔から空気が出ていきます。出ていく息の流れも鼻先の粘膜や皮膚で感じるはずです。

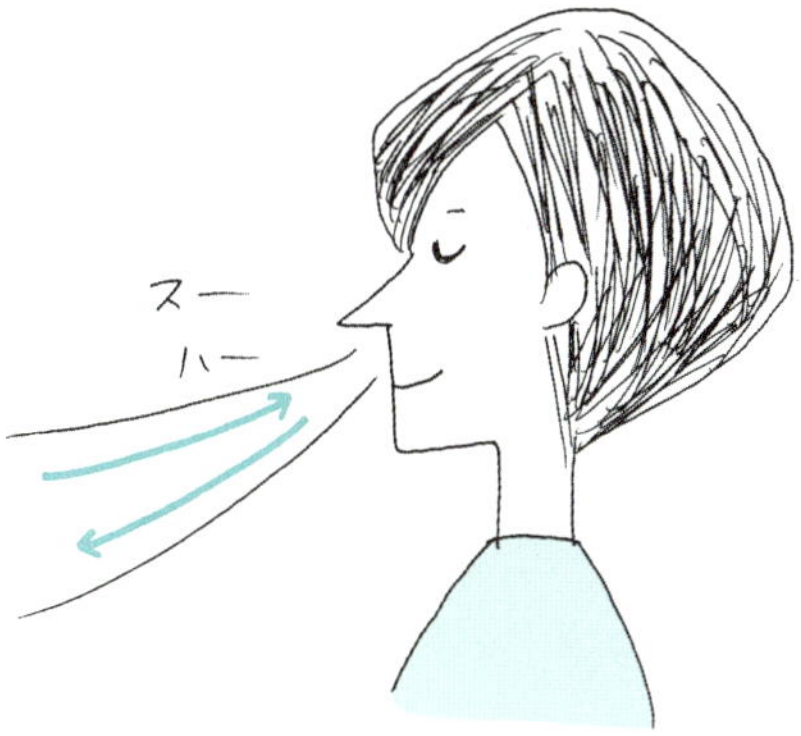

いかがですか？

今、わずか1分足らずですが、ごくかんたんにマインドフルネス瞑想の1つに取り組んでもらいました。普段の生活では、こうした「息をしている感覚」に気づくことは滅多にありませんよね。

では、あなたは一体何をしているのでしょうか？

答えは「思考している」です。

私たち人間は、毎日あれこれと高速で思考しまくっているのです。

驚くことに人が思考する回数は1日5万回とも7万回とも言われています。

例えば「夕食には好物のハンバーグが食べたいな」とか「今週の休みには晴れるかなあ？」とか「次の打ち合わせはうまくいくだろうか」とか……。

つまりこれらは、これから起こるであろう「未来についての思考」です。

一方、「昨日の飲み会でちょっと余計なことを言っちゃったかな」「去年の夏に行った○○は楽しかったな」とか「さっきの電話の話し方、すごく失礼でムカついた」などは、すでに終わった「過去についての思考」です。

こうした「過去」「未来」に関する思考が絶え間なく洪水のように押し寄せてくるため、私たちの心は常に何らかの思考にとらわれています。そしてその思考に応じた感情（喜び、ワクワク感、楽しさ、悲しみ、不安、怒り、心配）なども同時に感じています。

その結果、私たちは今この瞬間の感覚（味覚、聴覚、触覚、視覚、臭覚）をじっくり感じて生きることが、ほとんどできなくなっているのです。


今、わずか5回だけですが、あなたは意識を呼吸に意図的に向けることで、思考の洪水から1分弱だけ離れて、「今、ここ」の瞬間に気づき、味わいました。


ほんの少しですが、ちょっと「心の静まり」を感じませんでしたか？

もしくは「頭のスッキリ感」または「落ち着いた感じ」を覚えませんでしたか？

あなたがたくさんの仕事や活動を抱え、やるべきことに追われていればいるほど、おそらく先ほどの呼吸に集中していた1分間に「つかの間の心の静まりや脳の落ち着き」を感じることができたはずです。

現代は、従来の新聞や雑誌、テレビ、ラジオに加えてメール、SNS、インターネット、携帯電話など、ひっきりなしに情報やコミュニケーションが絶え間なく押し寄せてくる「刺激過多時代」です。

私たちは常にあちこちから刺激されており、そのたびに情報の選択や判断に迫られたり、コミュニケーションに対応したり、次にやるべき仕事や活動のことを考えたりと、息つく暇もないぐらい思考しまくっています。

やるべきことを多数抱えている忙しい人ほど「これやらなくちゃ」「その次はあれやらなくちゃ」と時間と仕事に追われつつ高速で思考を繰り返しているのです。

すると脳は当然ながら緊張し、そして疲れます。高速で思考を繰り返せば繰り返すほど、脳の緊張度は高まって疲れるのです。

心も同じです。

心とは全身の刺激が脳で統合されて産み出される「感情」や「意思」のことですから、脳が緊張しているということは、当然心も緊張していますし、脳が疲れているということは、当然心も疲れているのです。

仕事に追われ、情報に追われ、時間に追われている人ほど、この脳や心の緊張や疲れは激しくて、知らないうちにじわじわとストレスが蓄積しています。

マインドフルネス瞑想をすることで、四方八方からやってくる刺激をシャットダウンして、思考の洪水を一時的にストップさせることができます。

意図的に「何も思考しない時間」「何もしようとしない時間」をつくり出すことで、この脳や心の緊張をとって休息させ、疲れを癒しストレスを流していく時間が持てるようになるのです。

序 03

マインドフルネス瞑想の3つの効果②

あなたを苦しめるストレス思考から離れ、心の安らぎを取り戻す効果

やってみよう

嫌な気持ちを手放すワーク

①まず最近感じた「ちょっと嫌な気持ち」を思い出してみましょう。

②次に1分間だけ目を閉じてお腹に両手を当ててください。

③その気持ちはそのままにしておいて、今度は鼻からゆっくりと息を吸い込んでお腹が最高にぷう〜っとふくれる感じをしっかり両手で感じてください。

④最高にふくらみきったらゆっくりと息を吐き出しながら、お腹がぺちゃんこになっ

たのを両手で感じてください。

嫌な気持ちを手放すワーク

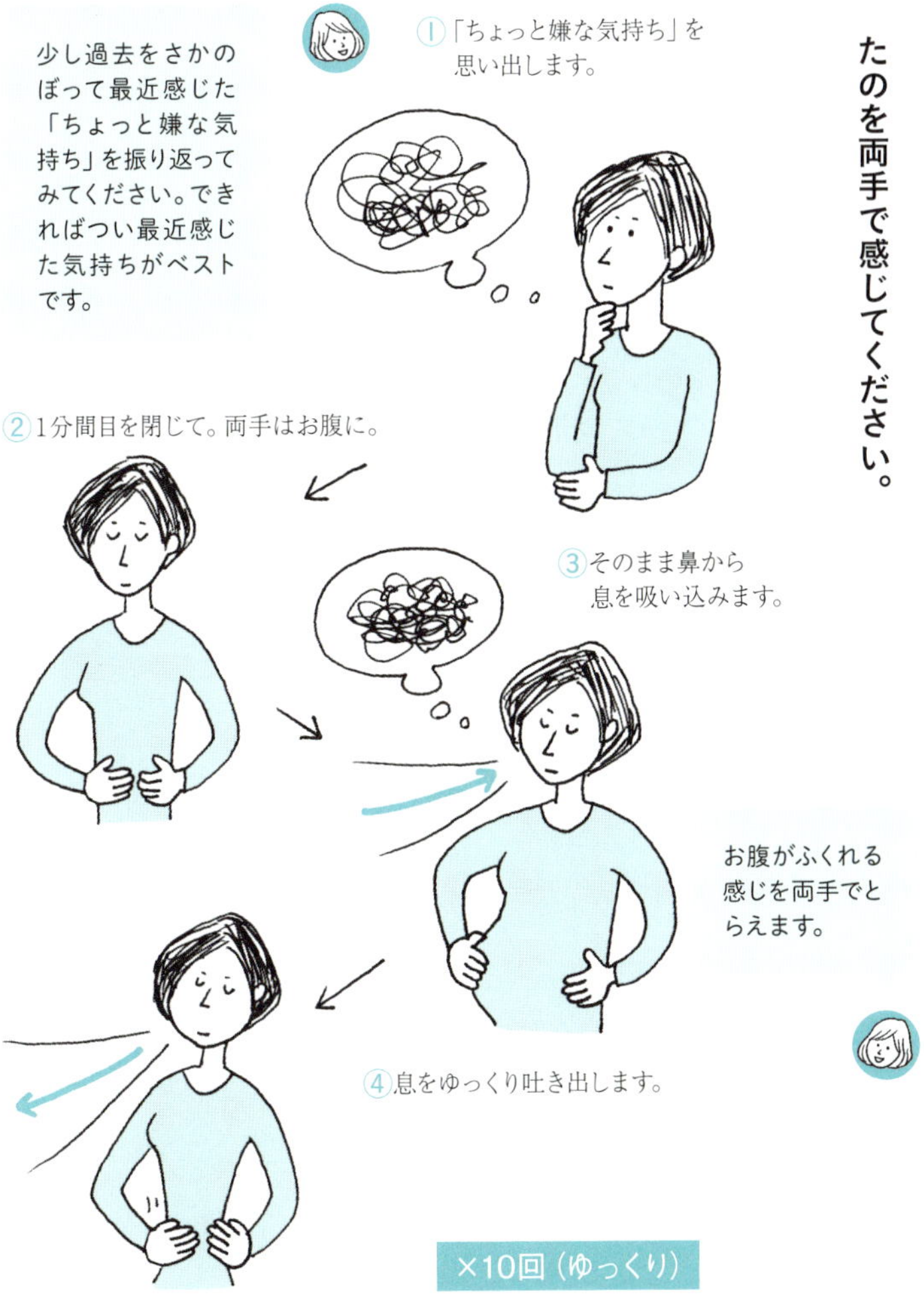
少し過去をさかのぼって最近感じた「ちょっと嫌な気持ち」を振り返ってみてください。できればつい最近感じた気持ちがベストです。
①「ちょっと嫌な気持ち」を思い出します。
②1分間目を閉じて。両手はお腹に。
③そのまま鼻から息を吸い込みます。
お腹がふくれる感じを両手でとらえます。
④息をゆっくり吐き出します。
×10回（ゆっくり）

私たちは、「ちょっと嫌な気持ち」をしょっちゅう感じながら生きています。

例えば、最近、職場や家族の誰かから無神経なことを言われたりされたりして、「なんて失礼なんだ！」とイライラしたりしたかもしれません。

または、ネットや新聞を読んでいる中で、ちょっとあなたにとって気がかりな情報が入り「私、このままで大丈夫だろうか？」と焦りや不安、心配を感じたりしたかもしれません。

もしくは、ふとした拍子に前にしでかした過去の失敗を思い出して「あ〜、なんであのとき、あんなことしちゃったんだろう」と自己嫌悪感に包まれたかもしれません。

やってしまおうと思っていた仕事や家事が思うようにできなくて、「私はなんてどんくさいんだろう」などと自分を責めて悲しくなったかもしれません。

さて、①〜④までのワークを終えてみて、いかがでしょうか？

先ほどの「嫌な気持ち」はまだあなたの中に残っているでしょうか？

おそらく最初に思い出したときよりも、はるかに小さくなっているのではないでしょうか？

もしかしたら、お腹の呼吸を両手で感じることに集中したために、心からスッキリなくなってしまっているかもしれません。

これはちょっとした瞑想ワークでしたが、マインドフルネス瞑想を行っていると、こんなふうに「嫌な気持ち」に素早く気づいて対処していくことができます。

「気づくこと」は、自分を癒すための重要な第1歩となります。そして「気づくこと」ができれば、その感覚を緩め、スーッと流しやすくなっていくのです。

イライラや怒りを感じること、過去に起こった出来事に対する自己嫌悪感を感じたりクヨクヨ悩んだり悲しんだりすること、まだ起こっていない未来に対してあれこれと心配したり不安や焦り、恐れを感じたりすることといった「嫌な気持ち」は、あなたを苦しめるストレス感情でありストレス思考です。

それらのストレス思考や感情にあなたが束縛《そくばく》されればされるほど、あなたはストレス状態に長く陥ってしまい、心も脳も疲れ果ててしまいます。

あなたからエネルギーを奪い、心や脳を疲れさせるストレス思考や感情は、ざっと挙げるだけでも左頁の表のようにたくさんあります。

あなたがたった今、お腹のふくらみだけに感覚を集中した1分間弱は、ほんのわずかな間ですが、あきらかに過去や未来に関するストレス思考やストレス感情から距離をとることができた時間です。

あなたからエネルギーを奪う
ストレス思考・ストレス感情

▶他人や物事に対するイライラや怒り

▶まだ起こっていない未来のことへの心配や不安

▶過去に起こったことをクヨクヨと後悔する、
または自己嫌悪する気持ち

▶他人を行為や言葉で傷つけてやろうと考える
破壊的な思考

▶人をごまかしたり欺いたりしようとする
嘘つきな気持ち

▶他人が困ることを願う意地悪な思考や感情

▶他人の不幸を願う恨みの気持ち

▶自分だけが得をすればいいというケチな気持ち

▶人や物事の悪いところばかりを見て
非難する気持ち

▶他人の幸せを不愉快に思う嫉妬の気持ち

▶必要以上にもっともっと欲しいと願う
欲張りな気持ち

マインドフルネス瞑想を習慣にすることで、イライラ、怒り、恐れや不安といったストレス感情や思考にまず「気づく」ことができるようになります。

何度も言いますが、「気づく」ことは心を癒す第一のステップです。

自分の心や体の状態に気づき、巻き込まれていた感情から解放される時間を意図的に持つことで、次第にその感情が薄められたり、流れやすくなっていきます。

これが、私が実感している、マインドフルネス瞑想を行う2つめの意義です。

このように書くと、

「ストレス思考や感情に気づいて解放される時間を持つだけでは、ストレスの原因はなくならないし解決しない。だったらただの逃避ではないのか？」

と思う方もいるかもしれません。

たしかに、瞑想したからといってすぐにはストレスの原因はなくならないかもしれません。ですが、大切なのは「ストレス思考やストレス感情にとらわれている自分に気づき、それらに飲み込まれていない時間をつくる」ということにあるのです。

イライラ、怒り、不安、心配、恐れ、焦りといった「ストレス思考・感情」にどっぷりと飲み込まれてしまっていると、目の前にある「今の大切なこと」が疎かになってしまいます。

今、ここにある目の前の人間関係や仕事、活動こそが、あなたにとって大切に関わっていかなければならないことなのに、ストレス思考や感情にどっぷり飲み込まれているとそれができません。

例えば、「家を出る前に家族と言い争いをして怒りの気持ちを抱えたまま出勤し、後輩についつっけんどんな言い方をしてしまった」とか、

「昼間にミスしたことをクヨクヨと後悔してしまい、大切な書類を読もうとしてもなかなか頭に入ってこない」とか、

「休日に家族とハイキングに出かけたのに、週明けの重要なプレゼンが心配で気にかかって全く楽しめず、イライラして場の雰囲気を盛り下げてしまった」など……。

あなたも似たような経験はありませんか？

こうした状況では、すべて「過去や未来のことに対するストレス思考」にどっぷりと飲み込まれていたために、現在の「今、ここ」の時間が犠牲になってしまっています。

これはとてももったいないこと。そして怖いことでもあるのです。

なぜかというと、「今、ここ」を疎かにしているため、さらに仕事の失敗や人間関係のトラブルが発生するリスクが高くなり、やがて二重にあなたを心配や後悔で苦しめることになっていくからです。

まずは「ストレス思考・感情」にどっぷり飲み込まれ支配されてしまう時間をマインドフルネス瞑想によって防ぎましょう。するとストレスの原因そのものの解決が今すぐできなくても、心が落ち着きラクになってきます。

マインドフルネス瞑想の創始者であるブッダは「すべては無常である」と説きました（79頁参照）。

これはすべての物事は常に変化し、同じ状況、形が続くことはありえないということ。「万物は変化する」というのは科学的にも真実です。今すぐ解決できなくても、瞑想によって穏やかな気持ちをできるだけ保っている中で、何かが必ず変化してきます。あなたの心が変化するかもしれませんし、周りの状況が変化するかもしれません。

ふいに解決策がひらめくかもしれません。

だから、まずはできるだけ穏やかに落ち着いた感情で「今、ここ」の現在を精一杯生きることが大切なのです。

マインドフルネス瞑想は、あなたの大切な「今、ここ」の時間を守る力をもたらしてくれます。

序 04

マインドフルネス瞑想の3つの効果③

自分と他人を慈しむ広く安らかな心を育てる効果

「瞑想」と聞くと、目を閉じて胡坐《あぐら》をかいて座禅のようなポーズをとる、そんなイメージが浮かぶかもしれませんが、マインドフルネス瞑想には、歩きながら、言葉を唱えながら、体をストレッチしながらといった、様々な瞑想法があります。

ここでご紹介するのは、「慈悲の瞑想」(6)と呼ばれる言葉を唱える（もしくは心で唱える）タイプの瞑想法です。呼吸を静かに整えて、ガイド（水色部分）に従ってゆっくり唱えてみましょう。

やってみよう　慈悲の瞑想

「私がいつも健やかで危険がなく、心安らかに幸せでありますように」

まず自分を大切にして幸せを願う言葉を唱えます。あなた自身がまず幸せで健やかでなければ、周りの人に愛を注ぐことはできませんね。

「私のお母さんとお父さんがいつも健やかで危険がなく、心安らかに幸せでありますように」

あなたを産み育ててくれた両親に感謝をしながら唱えます。すでにお亡くなりになっている場合は、お顔を浮かべて感謝の気持ちを感じるのみとします。

「私の恩ある人々がいつも健やかで危険がなく心安らかに幸せでありますように」

自分をここまで教え導いて育ててくれた先生や恩人、先輩などの顔を浮かべて。

「私の親しい人々がいつも健やかで危険がなく心安らかに幸せでありますように」

あなたの大切な家族、友人、仕事仲間などをできるだけたくさん思い浮かべましょう。

「すべての生きとし生けるものたちが健やかで危険がなく心安らかに幸せでありますように」

あなたの周りから広がって日本、そして世界中の人、動物、生物、昆虫などすべての生きとし生けるものの幸せを願っていきます。

マインドフルネス瞑想は、もともとはブッダが説いた「苦しみを滅し幸せになる方法（八正道）」のトレーニング法です（38頁参照）。そして、この慈悲の瞑想にはブッダの教えの根本ともいえる「慈愛」の精神が濃縮されています。

そのため唱えるだけで、すぐれた心の安定を促すエネルギーが得られるため、２５００年前から上座仏教の僧たちによって大切に伝承されてきました。

現在の医療系やビジネス系のマインドフルネスプログラムの中にもこの慈悲の瞑想のエッセンスを取り入れているものが多数あります。

まず自分を大切にして心の平安を得る。そ

ここでご紹介した「慈悲の瞑想」は、私の瞑想の師である上座仏教道会の吉田郁子先生に教えていただいたもので、伝統的な「慈悲の瞑想」を現代人向けにアレンジしたものです。

の上で自然な無理のない形で他者へ向けての温かな愛情や関心をゆっくりと大きく広めていく……。

この一連の流れによって、心に過度のストレスをかけることなく、自分から周りの環境へと平和と愛情を広げる効果が期待できます。

この慈悲の瞑想を、それぞれの文章に該当する人の顔を思い浮かべながら唱えていると、心が安らかで静かな温かい感情に満たされていきます。

マインドフルネス瞑想の効果とは、自分自身の心だけを安定させたり、集中力を増したりするだけではありません。

あなたの心が穏やかで安らかになればなるほど、その穏やかなエネルギーがあふれ出し、周りの人々にも水の波紋のようにゆっくりと静かに波及させていく「慈しみの心」を育てていく効果があるのです。

当たり前ですが、自分が幸せであるためには、自分の家族や友人の幸せや自分の周りの環境の平和が欠かせません。それはひいては日本、そして世界中が幸せで平和を願うことにつながっています。

つまり、**自分の幸せと周りの幸せ、世界の幸せは密接につながっているのです。**

考えてみればごく当然で大切な真理を、私たちは競争に煽《あお》られ、慌ただしく時間に追いまくられた毎日の中で、ついつい忘れてしまいがちです。

この、自分の心から他のものへ向かってゆっくり大きく大きく広げていく「平和と幸せを願う気持ち」こそが、ブッダの説いた「慈しみの心」そのものです。

慈悲の瞑想は、私たちに「慈しみの心」を育てる素晴らしい力を持っています。ぜひ毎日唱える習慣をつくってください。

また27頁でお伝えした「あなたからエネルギーを奪うストレス思考・ストレス感情」に強く支配されそうになったら、ぜひこの瞑想を唱えてみてください。

強い怒り、イライラ、悲しみ、ショック、不安、後悔、妬《ねた》みといった強烈なネガティブ感情や思考が頭から離れないときには、まずその思考に「気づく」ことで距離をとることが大切です。

ミニレクチャー1

マインドフルネス瞑想の源、ブッダ

マインドフルネス瞑想法は1章（30頁）でもお伝えしたとおり、すべて2500年前、ブッダ（お釈迦様）が創造し広めた瞑想法がベースになっています。

その当時は、インダス川などの大河の流域に都市文明が発達し、人々の生活が豊かになった反面、価値観の大変化や経済の崩壊、争いが起こりました。その結果、人々の生活は大きく混乱し、苦しみや不安に満ちてしまったのです。

それって、なんだか現代の私たちの環境に似ていませんか？

急速にインターネット化が進んで便利にはなったものの、デジタルスピードの生活に追われ、くたくたになっている私たち。そして世界経済が混乱し環境汚染が進み、テロや核や異常気象などで平和が脅かされ、不安や心配が常に頭から離れません。

だからこそ同じ背景の中から生み出されたマインドフルネス瞑想がこんなにも注目されているのでしょう。

では、もう少し詳しくマインドフルネス瞑想の誕生を探ってみましょう。紀元前560年ごろ※、インドの豊かな王族の王子として生まれ贅沢三昧《ざんまい》の毎日を送っていたブッダは、29歳のとき、人間として誰もが避けることができない「病気、老い、死」という「苦しみ」の存在に気づきます。そしてそれまでの自分の生活が「苦を見ないためのまやかし」だったと気づき、「いかにして苦を乗り越えるのか」を求めて出家を決意したのです。

そして6年後——。ついに菩提樹の陰で瞑想して悟りを開き、「すべての人々が苦しみから解放され心安らかに生きる方法」を発見。そして、自分の悟りを八正道《はっしょうどう》という「苦しみを滅し幸せになる方法」として体系づけ、人々に説きはじめました。その「八正道」の中で、心をトレーニングする方法としてマインドフルネス瞑想を位置づけたのです。

現在、長い時を経て、ブッダの教えは「宗教」のカテゴリーにがっちりと組み込まれ、その内容も様々に変化し、多くの宗派に分かれています。

ですが、本来ブッダの教えそのものは、いわゆる「宗教」ではなく、ブッダが悟った「人生の苦しみを滅する方法」でした。

つまり、ブッダはその当時の人々が生きるための「心の師」であり、悩む人を救うための「カウンセラー」であり、心身の痛みに苦しむ人の「心の医師」だったと言えるでしょう。

そして、そこで伝えられたことは、生きとし生けるものが悩みや苦しみから離れるために——現代風に言うと「ストレスをケアするため」に——誰もが平等に気軽に活用しても、全く問題がない心のケア法だったのです。

ですから、あなたが無宗教派でも、別の宗教を信じていたとしても、全く関係ありません。自分自身や周りの人たちの心の幸せのために、ぜひ積極的に活用してください。

※ブッダの生年については諸説あります。

第1章

朝の目覚めのマインドフルネス

～1日のはじまりにエネルギーを高め、清々しい気持ちをつくり出す～

マインドフルネス瞑想にはたくさんのやり方があり、座ったり寝たり体を動かしたり歩いたりと様々なスタイルで行うことができます。

慌ただしい朝、無理なく取り組める瞑想スタイルや、医学的・科学的に効果が認められているストレッチや食事法などをご紹介します。

とにかくマインドフルネス瞑想は、どんなスタイルであれ、「毎日少しずつ続けていくこと」が最も大切です。

シチュエーション
朝
01
難易度 ★★★

朝の爽やかな目覚めを呼ぶ2種類の深呼吸瞑想

ここでは2種類の深呼吸瞑想を紹介します。

ぼんやりした頭と体を引き締め、やる気を高めたいときには、交感神経（活動の神経）を心地よく活性化する胸式呼吸の深呼吸瞑想がおすすめです。一方、逆にプレッシャーや不安を抱えて緊張している朝は、副交感神経（リラックスの神経）を高める腹式呼吸の深呼吸瞑想をチョイスしてください。

朝の澄んだ空気を体にたっぷり取り入れながら行う呼吸瞑想で、睡眠モードの体と心を穏やかに覚醒させます。

やってみよう

深呼吸瞑想（胸式）

①カーテンを全開し窓を開けて新鮮な空気を取り入れ、両足を程よく広げて安定して立ちます。

②肋骨の下からお腹にかかるあたりに両手を軽く置きます。

③まずしっかりと口から息を吐き出しながら、お腹を引き締めます。お腹の筋肉が収縮している状態を手のひらでしっかり感じましょう。

④次に鼻腔からゆっくりと朝の空気を吸い込み、そして肺の奥深くへしっかり届くように大きく胸をふくらませます。

⑤胸郭がふくらみきったのを手のひらで意識したら一時停止し、今度はできるだけゆっくりと口から息を吐き出します。

⑥この深い呼吸を3回以上、ゆっくり行います。

次の頁のイラストを参考に！

深呼吸瞑想（胸式）

①～④
まずはしっかりと口から息を吐きます。次に鼻腔からゆっくりと朝の空気を吸い込みます。

へその回りのお腹はできるだけふくらまないように。肋骨が広がり胸郭がふくらむ感じを手で感じながら息を吸い込みましょう。

腹横筋などの肋骨周囲の筋肉がほどよく緊張してくる活動スイッチを素早くONにする効果が！
このとき肩が上がらないように首と背筋をぐっとまっすぐ伸ばすのがコツ。

⑤胸郭がふくらみきったら一時停止。
今度はできるだけゆっくりと息を吐き出します。

このときも手のひらで胸郭がすぼまっていくのを感じましょう。

×3回以上

やってみよう

深呼吸瞑想（腹式）

①カーテンを全開し窓を開けて新鮮な空気を取り入れ、両足を程よく開き安定して立ちます。

②おへそから下腹にかけて両手のひらを当てます。

③手のひらでお腹がへこんでいくのをじっくり感じとりながら、しっかりと息を吐き出します。

④おへそ中心に大きくお腹をふくらませながらゆっくりと息を鼻から吸い込みます。

⑤お腹がふくらみきったのを手のひらで意識しながら一時停止し、今度はゆっくりとできるだけ長く口から息を吐き出します。

⑥③〜⑤を3回以上繰り返しましょう。

次の頁のイラストを
参考に！

深呼吸瞑想（腹式）

①〜④
まず息をしっかり吐き出したら、おへそを中心にお腹をふくらませながらゆっくり息を吸います。

息を吸い込むときもお腹がぷう〜っと風船のようにふくらんでいくのを手のひらで感じます。

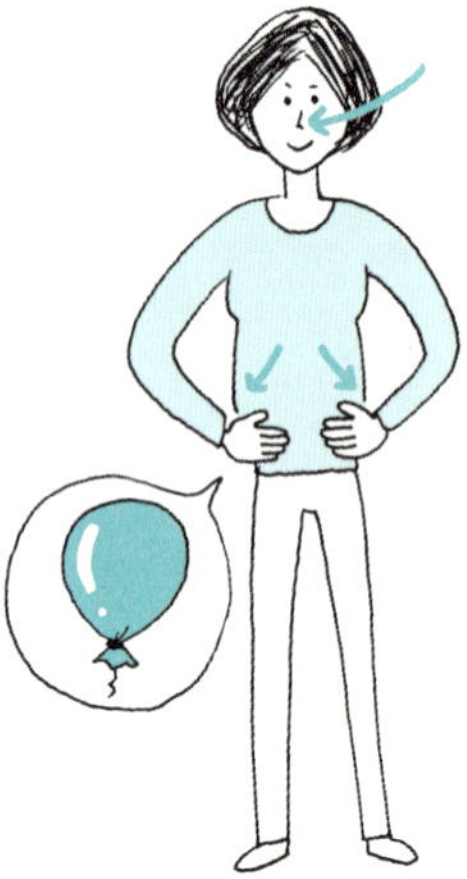

⑤お腹がふくらみきったら一時停止。今度はゆっくりとできるだけ長く口から息を吐き出します。

このときもお腹がへこんでいくのを手のひらで感じましょう。

目覚めたときに熟睡感がなく、不安や焦りを感じる緊張ぎみの朝なども腹式呼吸がおすすめです。

×3回以上

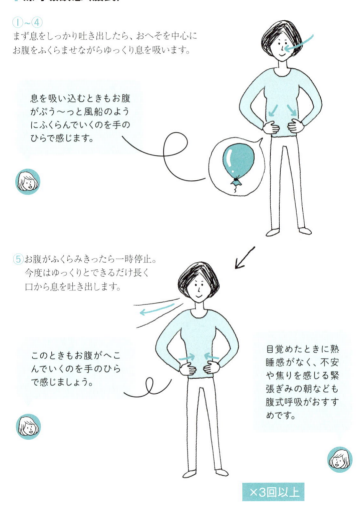

心と体に効くのはどうして？

朝はまず窓を開けて、新鮮な空気を取り入れましょう。

朝の空気は澄んでいて、例え都会の真ん中であってもマイナスイオン濃度が高い状態です。マイナスイオン濃度の高い空気を吸い込むと、マイナスイオンが血液に溶け細胞に届けられ、新陳代謝が活発化して生命力が高まることがわかっています。

この空気を、ゆっくり深呼吸しながら、しっかりと肺の奥深くまで吸い込んでいきましょう。

深呼吸はラジオ体操はもとより自律訓練法などの様々な健康法や心理療法で実践されている心と体の健康法です。医学的にも自律神経を整えたり、組織に酸素をたっぷり供給することで細胞の疲労を解消したりと素晴らしい効果があります。

この深呼吸をするときに、しっかりと体の動きを感じ取り「今、ここ」に生じる感覚を意識すると、立派な瞑想の1つになり、さらに心の安定効果やリフレッシュ効果がアップします。朝だけでなく、日中の様々なシチュエーションで緊張したり不安になったりイライラしたりしたときに、ぜひ実践してみてください。

シチュエーション
朝
02
難易度
★★★

太陽のエネルギーを取り込み体と対話するボディスキャン瞑想

深呼吸のあと、時間に余裕がある朝は、そのまま太陽の光を浴びながら体と対話するボディスキャン瞑想にチャレンジしてみましょう。

ボディスキャン瞑想は、マインドフルネス瞑想の中でも体と対話し、体と心のつながりを回復させる効果の高い瞑想法です。

時間に追われた慌ただしい毎日を送っていると、体全体からのメッセージを感じ取る能力が衰えてしまっています。ボディスキャン瞑想を太陽の光とともに行うことで、眠気をシャッキリ払いながら、体全体の健康状態をチェックすることができます。

体全体をじっくり感じていくことで、普段は無視したり軽視したりしがちな体からのメッセージを受け止めていくため、体や心の不調に早めに気づけるようになります。さらに体の各部位に注意を集中させていくため、脳をクリアにして集中力を高める効果も期待できます。

やってみよう　ボディスキャン瞑想

①肩幅程度に足を広げてゆったりと立ち、太陽を直視しない程度に空を眺めてください。

②心地よく自然な呼吸を行います。軽く目を閉じます。

③太陽の光が自分の頭のてっぺんから入ってくる感じをイメージします。

その光の流れとともに、自分の体の部位を

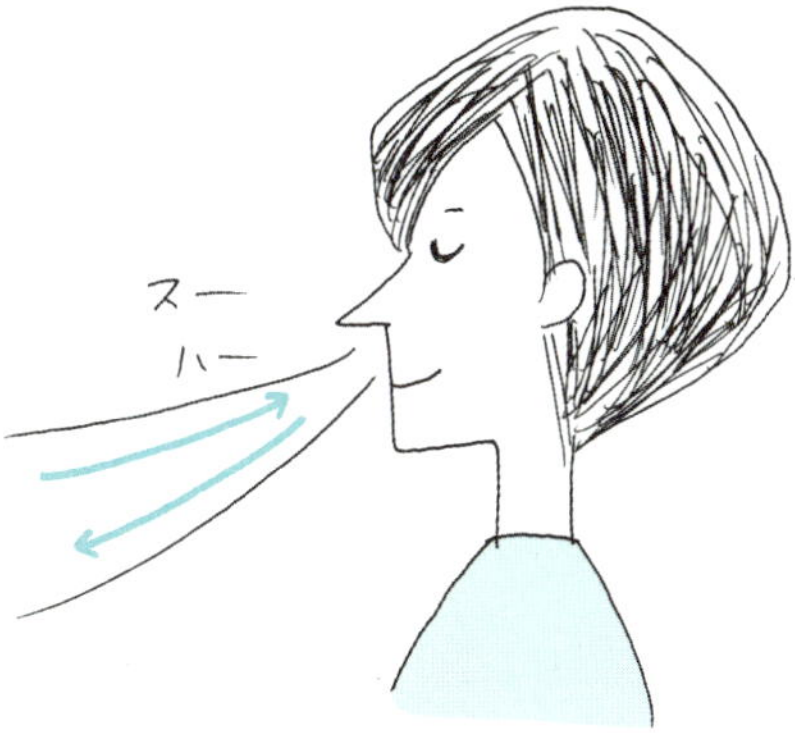

じっくりとチェックしながら感じていきましょう。

④まず自分の頭部をスキャンしましょう。太陽の光が頭の表面や頭の内部にくまなくいきわたるイメージをもつと、普段は意識していない頭の皮膚感覚や脳の状態をチェックしやすくなります。

「かゆい」「ボーっとする」などと自由に気づいてOK。

「気づくこと」がマインドフルネス瞑想の最も重要なポイントです。
瞑想中はいろいろな「気づき」を楽しんでください。
ただしその「気づいたこと」に固執せず、スキャンを静かに続けましょう。

⑤次に同じように光の流れが、顔の両目、鼻、口、頬、両耳に流れていくイメージをもちながら、それぞれのパーツの感覚を意識してみてください。

顔のムズムズや髪の毛の触れる感じがするかも……。

⑥続いて同様に、光の流れとともに、首→両肩→胸→背中→腹→お尻→左右の太ももからふくらはぎ→両足底といった感じで、次々とそれぞれの部位を意識しながら感覚をスキャンしていきます。

どこかに重くるしさ、固まりを感じることも……。

⑧ある程度落ち着いたら、そこからそっと離れ、次の体の部位をスキャンしていきましょう。

ボディスキャンしている最中に別のことを考えてしまうこともあります。「朝食に何食べよう」とか「今日の会議はうまくいくかな」「部長の機嫌が直っているといいな」とか。

気にかかることがあればあるほど、思考が浮かんでくるのは当たり前です。

ボディスキャンから思考に意識が向いてしまったことに対して、「集中力がないな」などと自分を責めないでください。

もし思考が浮かんできたならば、ただ単純に「あ、考えている」と気づけばＯＫです。そして、スキャンに戻りましょう。

そしてまたボディスキャンに戻りましょう。

⑨時間があるときは両手の親指、人差し指、中指、薬指、小指の順に指先まで1つずつ意識してみましょう。両足も同じように1本ずつ足指の感覚を意識してください。

体の各部位を細かに1つずつ意識できればできるほど、瞑想効果は高まりますが、時間がない朝は、額↓両手↓胸から腹の体幹↓両足にサッとエネルギーが流れていくイメージで素早くスキャンするだけでもOKです。

⑩足裏までスキャンできたら、静かに瞑想を終了します。

ボディスキャン瞑想

③〜⑧
太陽の光が頭のてっぺんから入ってくるイメージで体の各部位をチェックしながら感じていきます。

上から下へ。暗い部屋の隅々を懐中電灯でチェックしていくイメージで！

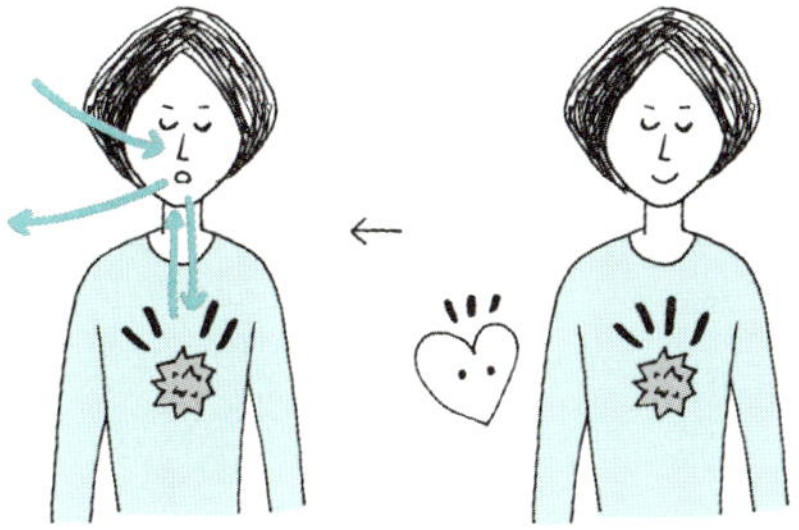

不快な感覚があればそこに、新鮮な空気を呼吸とともに送り込み、そして呼吸とともに吐き出します。
これを何回か続けてみましょう。
するとその不快な感覚が少し落ち着いてきます。

朝一番の気持ちを「今、ここ」に戻す効果＋太陽の力でセロトニンを分泌させる

朝は、今日一日の仕事や人間関係について考えて不安や心配になりやすいものです。また、前日から引きずっている悩みやトラブルを思い出して、憂うつな感情にとらわれたりすることもありますよね。

このボディスキャン瞑想は、未来や過去のことを心配して不安になる気持ちを「今、ここ」に取り戻す効果があります。

さらに太陽の光とともに行うことで、太陽の光のもつ「抗うつ効果」も活用することができます。太陽の光には憂鬱な気持ちを改善する効果があることが確認されており、うつの治療にも用いられることがあるのです。

例え曇っていたり雨の日でも朝の空を見ると２５００ルクス以上の光が視神経に入ってきます。

すると脳の中で睡眠ホルモンであるメラトニンの分泌が止まり、冷静で知的な思考

力を司るセロトニンが分泌されはじめ、気持ちがシャキッとしてきます。

もし窓が小さく空を十分に見られないときには、できるだけ明るく白色の光線を放つLED電球や蛍光灯の照明を補助的につけてください。

いわゆるブルーライトといわれる白っぽく青っぽい昼白色（または昼光色）の照明は太陽の光と同じ波長を持っているため、視神経から入ると同様の作用が得られます。


また、ボディスキャンで見つかった痛み、こわばりなどの「嫌な感覚」に対しては、体や心のストレス信号に気づくことにもつながります。

もし、ボディスキャン瞑想を終えても肩や首のコリが残っているようなら、その日はパソコンやスマートフォンをできるだけ見ないでストレッチをたくさんするように心がけてみましょう。また、もし体のどこかの痛みが続くようなら該当する医療機関の受診を検討してみてもいいでしょう。

シチュエーション
朝
03
難易度
★★★

顔を洗ったあとは「笑顔」と「羽ばたきポーズ」のストレッチ系瞑想で気分を上げる！

ボディスキャン瞑想が時間的に難しい朝は、こちらのストレッチ系瞑想がおすすめです。

あなたが何の気なしに行っているストレッチ的な動きも、じつは、やり方次第ではマインドフルネス瞑想にすることができるのです。

ストレッチ系瞑想では、ゆっくりと体を動かしながら、筋肉や皮膚、関節などに注意をしっかり向けて、体の様々な「感覚」を感じます。

表面の皮膚で感じる微細な感覚、筋肉や骨が動くときに生じる感覚や音、体の内部から生じる内臓の動きや心臓の鼓動といった様々な感覚をしっかり感じてください。

これらは普段は周囲からの刺激や思考によって、無関心になってしまっている「あなたの体が発する声なき声」です。その体からの声に気づいていきます。

その気づきの中で、未来や過去に向けてあちこち飛び続けていた思考や押し寄せてくる感情の洪水がおさまり、「今、ここ」を意識することができます。それがマインドフルネス効果なのです。

実際に医療系のマインドフルネス瞑想プログラムではヨガのポーズを使ったストレッチ系の瞑想が取り入れられています。

ここでご紹介する「笑顔ストレッチ瞑想」と「羽ばたきストレッチ瞑想」は、朝の洗顔や化粧のときにも実践可能なクイックなストレッチ系瞑想法です。

やってみよう

笑顔ストレッチ瞑想

①まず深呼吸を2〜3回して気持ちを整えます（胸式でも腹式でもOK）。

②「口角を動かします」と心の中でつぶやいてから、口角をゆっくりぐっと上げます。

③続いて「目を細めます」と心の中でつぶやいて、両目をゆっくりと細めていきさらに満面の笑顔をつくっていきます。

④満面の笑顔がつくれたら、そのまま2〜3秒笑顔をキープします。

⑤鏡がある場合は、自分自身ににっこりと微笑みかけるつもりで最高の笑顔をつくってみましょう。

⑥心の中で「顔をゆるめます」とつぶやいて顔の筋肉の緊張をゆっくりほどいていき瞑想を終了します。

⑦時間があれば、同じストレッチを数回繰り返しましょう。

笑顔ストレッチ瞑想

①②深呼吸を2～3回して気持ちを整えたら
「口角を動かします」と心の中でつぶやいてから、
口角をゆっくり上げます。

鏡の前でやるのが
おすすめです！

③「目を細めます」と心の中でつぶやいて
両目をゆっくり細め、笑顔をつくります。

口角と同じく、目の周りの筋肉が引っ張れる感じやまぶたの動く感じをじっくりと味わってください。

2～3秒キープ！

④心の中で「顔をゆるめます」とつぶやいてから筋肉の緊張をゆっくりとほどきます。
①～⑥を数回繰り返しても！

心と体に効くのはどうして？

笑顔の力で脳と心を活性化！

「満面の笑顔」ストレッチには瞑想効果だけでなく、科学的にも脳をスッキリ活性化させる効果が実証されています。

神経心理学の学者ミュンテ博士（オットー・フォン・ゲーリケ・マグデブルグ大学）の論文によると、人に箸をくわえさせて笑顔に似た表情になるように表情筋を動かすと、箸をくわえた人のドーパミン系の神経活動に変化が生じ、「快楽」に関係した神経伝達物質が放出されることが明らかになっています。(7) つまり、つくり笑顔であっても、脳はポジティブになるという結果が出ているのです。

米カリフォルニア大学の表情心理学の権威であるポール・エクマン博士らの研究によると、顔の表情筋や目の周辺の筋肉（眼輪筋）を意識的に動かすと、楽しい感情をわき起こす神経が活発化することが確かめられています。(8)

おまけに女性にとっては、口角のたるみをとり顔の筋肉をリフトアップする嬉しい「美容効果」もあります。ぜひ朝の洗顔や化粧の合間に気軽にやってみてください。

やってみよう

羽ばたきストレッチ瞑想

①背筋を伸ばしてリラックスして立ちます。両手は体の横にスッと伸ばして自然に垂らしてください。

②ゆっくりと深い呼吸を数回して気持ちを整えます。

③体の外側に上げていきます。「右腕を上げます」と心の中でつぶやいて、できるだけゆっくりと、右腕を下から体の外側に上げていきます。右腕が翼になったイメージで、ゆっくり頭上まで伸ばしていきましょう。

伸ばしながら肩関節に生じる感覚、上腕や前腕の筋肉に生じる感覚、腕全体の皮膚に感じる微細な空気の流れなど、できるだけしっかりと感じてください。

④右腕が頭上までピンと伸びたら、そのままの位置でキープします。

五十肩などで痛みのある方は、無理をせず痛みが我慢できるところの高さでかまいません。

⑤次に「左腕を上げます」と心の中でつぶやいて、同様にゆっくりと左腕を下から体の外側に上げていきます。今度は左腕の感覚をしっかり感じてください。

⑥両方の手が真っ直ぐに頭上に上がったら、ぐ〜んと天井に向かって伸びをしましょう。

⑦心地よく伸びたら、今度は「両腕を下ろします」と心の中でつぶやいて、ゆっくりと両腕を太ももまで下ろしていきます。このときも肩や腕、体に感じる感覚を自由に感じてみましょう。

⑧両足まで腕が戻ったら、今度は「両腕を上げます」と心の中でつぶやいて、再び頭上まで体の外側から上げていきましょう。

⑨③〜⑧を肌、筋肉、骨などに生じるあらゆる感覚に注目しながらゆっくり5〜10回行います。

羽ばたきストレッチ瞑想

①②深呼吸して気持ちを整えます。

③④「右腕を上げます」と心の中でつぶやいてから右腕を上げます。
上げたら上でキープ！

⑤⑥左腕も同様に。

⑦⑧両腕を一旦下ろしたら、今度は両腕を一緒に体の外側から上げます。

③〜⑧ ×5〜10回

骨が伸ばされ背中やお腹の皮膚が引っ張られる感じや、足の太ももが伸びる感じなどしっかり感じて！

鳥がゆったりと優雅に羽ばたきをしているイメージです。

心と体に効くのはどうして？

あえて普段しなれない動作をして肩こり頭痛を解消！

肩と腕を高く持ち上げるタイプのストレッチは、パソコンやスマートフォン漬けになっている現代人には欠かせません。

私たちはごく普通に生活していると肩より上に両腕を上げる動作をすることは滅多にありません。せいぜい電車で片腕を伸ばして吊革につかまる程度でしょう。

そのためほとんどの人が肩甲骨や肩関節の動きが悪くなっており、加えてパソコンやスマートフォンで猫背になる姿勢が続くため、僧帽筋や上腕筋といった筋肉の血行も滞りがち。だから肩こりや頭痛に悩む人が多いのです。

また、あまりにも肩関節を動かさない生活が続くと、中高年からは、いわゆる五十肩という肩関節の痛みが発生してきたりもします。

この「羽ばたきストレッチ瞑想」は、肩こり予防、五十肩予防体操も兼ねているため、現代人にぴったりの動きです。

朝に肩甲骨から肩周辺を動かすことで、脳への血流もよくなって頭がスッキリするという効果もあります。

ぜひ毎朝の習慣にしてみてください。

シチュエーション
朝
04
難易度
★★★

朝食は「食べる瞑想」とお手軽栄養で脳と心のスイッチON！

なんと、食べ物を食べながらも、マインドフルネス瞑想は可能です。ここでは朝食を食べながら行うマインドフルネス瞑想を紹介します。

朝食を食べるメリットは医学的にはずいぶん前から明らかになっていますよね。朝食に糖質を摂ることで、夜寝ている間に下がっていた血糖値がグッと上がり、脳に栄養が流れ込みます。そして下がっていた体温がぐんぐん上がりはじめます。これだけでも脳をある程度スッキリ覚醒させることができますが、さらにそこにタンパク質とビタミン、ミネラルを加えれば、脳と体のシャッキリ度は最高となります。

やってみよう

マインドフルネスイーティング①

まずひと口目に食べる食べ物を決めます。例としてここでは果物のイチゴにしてみましょう。

①「イチゴを食べます」と心の中でつぶやきイチゴをゆっくり手にとります。

②まずイチゴの色や形を眺めます。「はじめてイチゴを食べる赤ちゃん」のような気持ちになって、しげしげとその色や形を眺めてみてください。

③次にその香りをかぎます。甘酸っぱい香りをしっかりと胸の奥まで吸い込みます。

④ゆっくりイチゴを口に入れましょう。口の中でイチゴと触れた舌や粘膜の感覚を感じ

ます。

⑤ゆっくりとイチゴを噛んで、その歯触りを感じます。

⑥口の中にあふれ出す甘酸っぱい汁の香りや味を感じましょう。

⑦ゆっくりとイチゴを咀嚼《そしゃく》しながら、口の中でイチゴの形が崩れることで変わっていく歯触り、舌触りを感じます。

さらに味の変化も感じていきましょう。

⑧最後にゆっくりと咀嚼したイチゴを飲みこみます。

以上で瞑想は終了です。

時間があれば、次の食べ物や飲み物に対しても同じようにゆっくりと視覚、嗅覚、味覚、舌や口の中の触覚をフル活用して感じながら「気づき」を追加していってください。

心と体に効くのはどうして？

――はじめのひと口で心を整える

私たちの体内時計は毎日少しずつズレているのですが、朝に糖質（炭水化物）とたんぱく質を摂《と》ることで最もリセット効果が高まることがわかってきています。

とはいえ、朝からあれこれと調理する必要は全くありません。お手軽なパンやおにぎりといった炭水化物と、ヨーグルト、豆乳、ミルク、卵といった調理のほとんどいらないかんたん便利なタンパク質食品、そしてビタミン・ミネラルの宝庫である果物や、プチトマトやカイワレ、レタスといったかんたんに洗える野菜でつくった野菜サラダで充分です。

こうした医学的にも素晴らしい効果のある朝食を、マインドフル瞑想を行いながら食べてみましょう。さらに心が落ち着き、穏やかに意欲と集中力を高める効果が期待できます。

朝食のマインドフルネス瞑想に使う食べ物は何でもかまいません。パンを食べるときは、まずちぎって香ばしい香り、甘くふんわりとした優しい食感と味を楽しみます。

卵を食べるときも、そのハツラツとした黄色を眺めたり、白身のぷるぷるした感触を感じたり、口の中に入れたときの濃厚な味をしっかりたしかめます。

　珈琲を飲むときはその香ばしい香り、色、口の中で広がる味や液体が粘膜を通り過ぎる感覚に意識を向けます。

　これからはじまる1日にあれこれと思いをはせてしまいがちな朝に、はじめのひと口だけでもマインドフルネスな食べ方を行うと心が整いやすくなります。あなたの心を「今、ここ」に戻すことで、朝の憂うつな気持ちやこれからの仕事や活動への不安、緊張、恐れを和らげることができるのです。

ミニレクチャー2

マインドフルネス瞑想の科学的効果とは？

近年マインドフルネス瞑想が精神科医療や心理分野に活用され、その効果が次々と解明されてきています。ごく一部ですが、現在までに報告されているおもな瞑想の効果をいくつか挙げてみましょう。

▼気分を上げる左前頭部を活性化させる。(9)

▼脳内の島、海馬、前頭前野皮質といった部分に作用し、注意力(10)や思いやり(11)などのプラスの心理的機能を改善する。

▼ストレスホルモンであるコルチゾールを減少させ、免疫系を強化する。(12)

▼怒りの感情を低下させ、(13)不安や抑うつなどの感情を低下させる。(14)

本書でお伝えしている手法がすべての効果をすぐに約束するものではありませんが、続けるほど、ストレスになる物事や思考から注意をそらすことができるようになり、リラックスしたり体の緊張をほぐす時間が増えていきます。その結果、心と体によい効果をもたらしていくのです。

シチュエーション
朝
05
難易度
★★★

5分間の「心を観る瞑想」でより静かな落ち着いた心へ

瞑想といえば胡坐座《あぐらざ》に座って目を閉じて……、というのが最も一般的なイメージですよね。5分ほど時間に余裕がある朝には、ぜひあなたもじっくりと座って瞑想をやってみませんか？

5分程度静かに座る時間が確保できると、マインドフルネス瞑想の神髄であるヴィパッサナー瞑想にチャレンジすることができます。

マインドフルネス瞑想は大きく分けてサマタ瞑想とヴィパッサナー瞑想に分けられます。

サマタ瞑想は「止の瞑想」とも言われ、1つの対象に心を留めるタイプの瞑想です。

心を1つの対象だけに向けて静止させることで、心が過去や未来にさまよってしまうことが抑えられ、精神の落ち着きや集中力が上がる効果があります。今まで紹介してきた瞑想はおもにサマタ瞑想に入ります。

もう1つのヴィパッサナー瞑想とは、「心を観る瞑想」です。

ヴィパッサナー瞑想は、呼吸を意識の拠《よ》り所としながら、次々にわいてくる思考に気づき、観ていく瞑想です。心をじっくりと観ていくため、サマタ瞑想より集中力や根気が必要です。ですが、1日5分程度からでも続けていくと、次第に自分の感情や思考の癖が見えてくるようになり、心が静かで清らかになる効果があります。

ブッダが悟りを開いた瞑想がこのヴィパッサナー瞑想です。長く続けていくことで心安らかに幸せに生きる智慧《ちえ》が生まれてくる瞑想とされています。

本格的なヴィパッサナー瞑想は140頁でご紹介しますが、朝も短時間でかまいませんので、ぜひチャレンジしてみてください。

やってみよう

心を観る瞑想

① **床に座布団や布を敷いて胡坐座《あぐらざ》に座りましょう。**

胡坐をかくのは、骨盤から背筋をスッと伸ばす姿勢をつくりやすくするためと、足のしびれを予防し、安定して長時間座るため。自分にとって無理のない形の胡坐に座ってください。

② **手は下腹のあたりにそっと重ねて置きましょう。**

重ね方には特に決まりはありませんが、ブッダと同じように左手を下にして右手を上に置く人が多いです。

③ **目を閉じて、鼻から息をゆっくり吸い込みながら、鼻先を意識します。**あなたにとって空気が鼻腔を通る「感覚」を最も感じやすい場所をひとつ決めて、そこで空気の

流れを感じます。そしてそこでまた息が出ていくときの鼻先の「感覚」を感じます。

④空気が入ってきたこと、そして出ていくことを鼻先の一点で「感じ」そして「呼吸をしていることに気づく」。ヴィパッサナー瞑想では、この作業をひたすら繰り返します。

⑤思考や感情が生まれたら、その思考や感情に一時は意識がとらわれるでしょう。そのたびに気づいてください。

心を観る瞑想

①②胡坐《あぐら》座《ざ》に座り、下腹のあたりで手を重ねます。

胡坐をかけないときは
椅子でもＯＫ。背筋を
すっと伸ばして。

③～⑤目を閉じて、鼻を意識しながら息を吸う、吐くを繰り返します。

思考が浮かぶのは当た
り前。とらわれず意識
を鼻先に戻しましょう。

〈心と体に効くのはどうして？〉

――「今、ここに生きる」感覚を取り戻す訓練

ヴィパッサナー瞑想をしていると、ちょっとした刺激やきっかけによって自分の思考や感情がどんどん生まれ出ていく過程をクリアに体験することができます。

ふとしたきっかけで未来のことをあれこれと考えてわくわく期待したり心配したり、または過去の出来事を思い出して懐かしんだり後悔したり怒ったりしていることに気づきます。

さらにその思考が思考を生み出し、どんどん頭の中で思考の塊が巨大化していくことも体験し気づくことができます。例えばふと友人からメールの返信がなかったことを思い出します。すると「あれ？　どうしてかな。いつもはすぐに返信くれるのに」→「そういえば、この前会ったときお酒飲みすぎたなあ」→「何か失礼なこと言ったっけ？　あまり覚えてないけど」→「怒っていたらどうしよう」→「謝ったほうがいいかな」→「〇年前もささいなことで別の友人とケンカ別れしたっけ」→「あ～なんて自分はうかつなんだ」……。

そう。私たちはこんなふうに、しょっちゅう、しかも次から次へと思考の連想ゲームを1人で勝手に繰り返してしまっているのです。

ですが、この気づきがとても大切です。

いかに私たちの心が常にあちこちさまよい出し、思考や感情の連想ゲームにとらわれてしまっているかに気がつき、そのたびに鼻先の呼吸の感覚に意識を戻すこと。鼻先の呼吸の感覚こそが、「今、実際に自分に起こっている出来事」であり、「今、ここ」の感覚なのです。

ヴィパッサナー瞑想を繰り返すことによって「今、ここに生きる」という感覚を取り戻す訓練ができます。訓練が進めば進むほど、過剰な心配・不安・後悔、浮つき、興奮、イライラや怒りといった、あなたからエネルギーを奪う「ストレス感情・ストレス思考」（27頁参照）にとらわれる時間が減っていき、次第に心が穏やかに整う時間が増えていきます。

まずは5分からスタートしてみましょう。

ミニレクチャー3

マインドフルネス瞑想をより深く知る①「無常」

30頁でも触れましたが、ブッダは「この世のすべては無常である」と説きました。無常とは、言葉のとおり「常に同じであることは一切ない」ということです。つまり、すべての物、人、状態は、常に変化していくということ。「同じ状態で留まること」は不可能であるということです。

これは科学的にも真実ですね。すべての人、生物は生まれたときから死に向かって1歩1歩老いて変化していきます。家も車も宝石も時とともに劣化しますし、大きな岩も海でさえも変化していきます。

しかし私たちはついつい「常に同じであること」を望み、こだわるため、悩み苦しみます。

私たちにとって、その方向の良し悪しにかかわらず、「変化する」ことは恐れであり不安でありストレスなのです。

そこでブッダが説いた「何事も無常である」という真理を意識していると、この変化によるストレスを受け止めやすくなり、流しやすくなります。「今、大切にしている人間関係も、物も、若さも健康も、いずれは変化していく。それは避けることができない」

そう理解しておくと、「自分から離れていく人、自分が失っていくもの」に対して激しく執着し、苦しみもがくことが徐々に減っていきます。

逆に今、苦しい状態だったとしても、「ずっと同じ状態であることはない。必ず何らかの変化が起こっていく」と希望を感じやすくなり、「苦」に取り込まれる時間が減ってきます。「同じ状態は二度と起こらない」「未来はどんどん変化していく」と知っているだけで、クヨクヨ悩んだり、不安を引きずって未来に悪影響を与えたりすることも少なくなってきます。

マインドフルネス瞑想を実践していくと、この「無常であること」を理解する感覚がさらに磨かれていきます。そして、執着で自分自身を苦しめる生き方を離れ、「今、ここ」の瞬間を精一杯味わって大切に生きようというマインドフルな楽な生き方が自然にできるようになっていくのです。

第2章

日中のイライラと緊張を逃がすマインドフルネス

～脳と体の疲労を予防しながらベストパフォーマンスをキープする～

この章では、オフィスや外出先で気軽に実行できるマインドフルネス・スキルをご紹介します。
時間に制約があっても、人目があっても、1人で静かになれる空間がなくても、マインドフルネス・モードに心を整えていくことはできるのです。

シチュエーション
昼
01
難易度 ★★★

パソコン脳疲労を撃退！マインドフルネス・ストレッチ

パソコンを中心としたデスクワークは全身の血めぐりを悪くさせ、肩・首の筋肉を固まらせるため、脳に疲労がどんどんたまります。放っておくとVDT症候群（Visual Display Terminal 症候群：パソコン機器、スマートフォンなどのＩＴ機器の使用が原因とされる眼精疲労、肩こり、頭痛、腰痛、倦怠感、めまいなどの症状の総称）にかかることも！

そこで、オフィスのデスクで座ったままできるかんたんなストレッチを活用しながら、マインドフルネス瞑想を行ってみましょう。

すでにお伝えしたとおり、ストレッチは1つひとつの筋肉の動きにじっくり集中して感じていくと、立派なマインドフルネス瞑想になります。

VDT症候群に効果的なストレッチをマインドフルネスに行うことで、肩から頭にかけても血のめぐりもすっきりしますし、「今、ここ」への集中力がアップして体の疲労も脳の疲労も改善しやすくなります。

ここでは、私が産業医としてビジネスパーソンの方に日頃おすすめしているパソコン作業の疲れをとるために最適な2種類のストレッチを、マインドフルネス瞑想にアレンジしてご紹介しましょう。

やってみよう　肩の回旋《かいせん》ストレッチ

①椅子に両足をつけて安定して座ります。背もたれにはもたれず、しっかりと背筋を伸ばしてください。肩幅程度に足を広げて立ってもOKです。

②おへその両側に手を置きます。お腹を大きくふくらませる腹式呼吸を2〜3回行いましょう。

③気持ちが落ち着いたら自然な呼吸に戻しましょう。

④次に両手をゆっくりと動かして、右手は右肩、左手は左肩の先端をそっとつかみます。

⑤まず心の中で「右肩を回します」と言ってから、ひじで大きく外側に円を描くように、ゆっくりと肩を回してください。

⑥右肩を5〜10回程度回して心地よくほぐれた感じがしたら、「止めます」と心の中で言ってから動きを止めます。左肩も同様に外側にゆっくりと回しましょう。

⑦次は両肩を同時に外回ししましょう。

⑧5〜10回大きくゆっくり回旋させたあと、「終わります」といってストレッチを静かに終えましょう。

肩の回旋《かいせん》ストレッチ

①～③椅子に座ったら、おへその両側に手を置き、腹式呼吸を2～3回します。

両手のひらでお腹のふくらむ感じやへこむ感じをしっかり感じとりましょう。目は閉じても開けていてもOK。

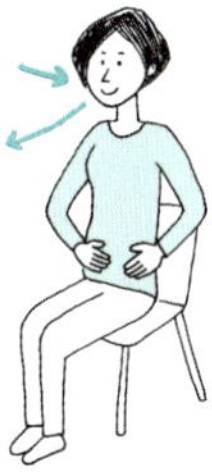

④～⑥
両手をゆっくりと図のようにそれぞれの肩の先端に置いたら、片方ずつ「右（左）肩を回します」を心の中で言ってから大きく円を描くように肩を回します。

左右各×5～10回

回しながら肩の関節の動きをじっくりと感じましょう。肩関節に連なる腕の筋肉や肩甲骨の上の筋肉が伸び縮みする感覚も感じてみて。

⑦⑧次は両肩同時に。ここでも必ず心の中でつぶやいてから。

両肘を外側に大きく回すときに、新鮮な空気をたっぷり吸い込み、両肘が戻ってくるときにゆっくり吐き出します。大きく深い呼吸を意識して！

×5～10回

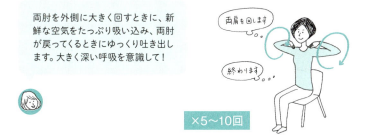

やってみよう
腕伸ばしストレッチ

①肩の回旋ストレッチ（83頁〜）と同様に、大きな腹式呼吸を2〜3回して呼吸を整えます。

②呼吸を自然に整えましょう。「右腕を伸ばします」と心の中で言ってから、ゆっくりと右腕を体の横に水平に伸ばします。

③「左手を動かします」と心の中で言ってから、左手を右腕と右大胸筋の間に置き、軽く大胸筋を押さえます。

④「右腕をねじります」と心の中で言ってから、右手のひらを上向きにしながら右腕全体を上向きになるようにねじっていきます。

⑤ゆっくりと右腕の筋肉や骨がストレッチされる感覚を感じながら、無理のない範囲でねじり上げます。最大限にねじり上がったら、そこで静止して呼吸をゆっくり2〜3回行います。

⑥心地よくストレッチできたら「ゆるめます」と心の中で言ってゆっくりと右腕のねじりを戻し、腕を下げます。左腕も同様にゆっくりストレッチします。

腕伸ばしストレッチ

①～②
腹式呼吸で呼吸を整えたら
「右腕を伸ばします」と心の中で言って
右腕を横に伸ばします。

目は閉じていても開けていてもOK。座位でも立位でもかまいません。

③
右大胸筋に置いた左手で、ぐっと右大胸筋を左に寄せるように引っ張ります。

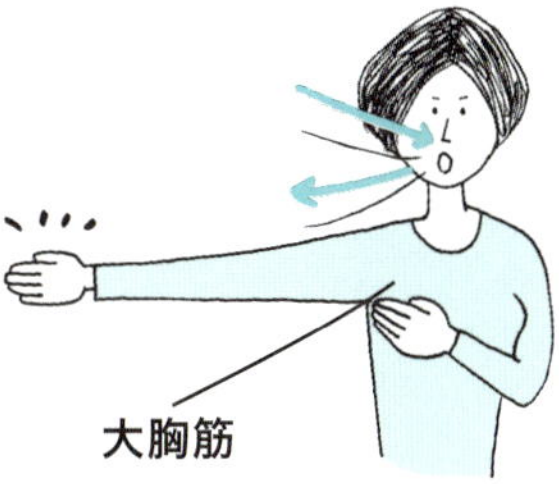

④～⑥
「右腕をねじります」と心の中で言ってから、
右腕を上向きになるようにねじります。

右腕、左腕のストレッチを1セットとして、３～５セット続けてみましょう。

このあと静止して、
ゆっくり2～3回呼吸をしたら
ねじりをゆるめます。

心と体に効くのはどうして？

ストレッチによる感覚に集中して心身ともに「今、ここ」に意識を集中する

ＶＤＴ症候群を予防するためのストレッチは、インターネットで検索すると色々な方法が紹介されています。

これらのストレッチで気に入ったものがあれば、ぜひあなただけのマインドフルネス・ストレッチに仕上げてください。

ストレッチにマインドフルネス効果を加えるコツは、

①深呼吸で呼吸と心を整えてからスタートする。

②各動作を行う前に心の中で「腕を動かします」「首を回します」などと確認してからスタートさせる。

③できるだけゆっくり動作を行いながら、筋肉や関節、骨の動きを感じていく。

の3点です。

ストレッチをしながら、頭では次の仕事のことを考えていてはマインドフルネス効

果は得られません。

体をストレッチすることによって生じる感覚をじっくり感じていくことで、押し寄せてくる思考や感情の洪水がストップされ、「今、ここ」に意識を取り戻すことができます。

視覚から脳へと絶え間なく送りこまれていたＩＴ情報も遮断されますので、じっくりストレッチしている間は脳の休息となり、デジタル機器による脳疲労も回復しやすくなります。

さらにストレッチで全身の関節を動かすと、全身の血のめぐりがよくなり、筋肉のコリがほぐれ、肩こりや首こり、腰痛などの予防にもなります。

シチュエーション
昼
02
難易度
★★★

イライラする心を落ち着けアイデアを呼び起こすかんたん歩行瞑想

デスクに長時間座ったままでは、下肢に血液がうっ滞してしまい全身の血の巡りが悪くなっていきます。

すると脳への血液のめぐりも悪くなり、気分がイライラしたり頭がボーっとしたりして、集中力やひらめき力が落ちてきてしまいます。

周りの話声や音が気になって落ち着かないとき、イライラしてきたとき、頭がぼんやりして仕事の効率が落ちてきたときなどは、思い切ってデスクから離れて歩行瞑想をしてみましょう。

この歩行による瞑想は、マインドフルネスの代表的な瞑想法の1つです。
ここでは、人目がない場所でゆっくりと行うスロースピードの歩行瞑想と、どこでもさりげなく行えるナチュラルスピードの歩行瞑想の2種類をご紹介します。

やってみよう

歩行瞑想（スロースピード）

人目がないところでは、スロータイプの歩行瞑想がおすすめです。歩行瞑想は大きめの部屋、廊下、屋上など、歩く場所さえあれば手軽にできます。

①まず目は自然に開けて、前方の床をゆったりと見ます（一点を凝視するのではなく、自然に眺める感じで）大きく2～3回深呼吸をして気持ちを整えます。

②無理のない自然な呼吸に戻し、心の中で「左足を上げます」と言ってから左足をゆっくり上げます。

③関節が曲がる感じや左足の筋肉が動く感じをできるだけ意識してゆっくりと左足を動かしていきましょう。

④次に心の中で「左足を下げます」と言いながら、左足をゆっくり下げて左足が地面

に着地していくのをじっくり感じます。かかと↓足裏↓足指と、順に地面に着地する感覚をできるだけ味わいましょう。

⑤次に右足も同様に上げ下げを行います。

「上げます」「下げます」と動作を確認しつつ、ゆっくりゆっくり足を動かし、歩いていく感覚を感じながら歩行していくのが、歩行瞑想の基本です。

⑥思考や考えが浮かんで歩行から意識が外れたことに気がついたら、静かに足の動きに意識を戻します。

⑦心が落ち着いてきたら、歩行瞑想を終了します。

時間的な目安は特にありませんので、3分でも10分でもあなたのお好みで時間は調整してください。

歩行瞑想（スロースピード）

①～③
深呼吸して気持ちを整えたら、自然な呼吸に戻し、心の中で「左足を上げます」と言ってから左足をゆっくり上げます。

④
「左足を下げます」と心の中で言いながら、左足をゆっくり下げて左足が地面に着地していくのをじっくりと感じます。

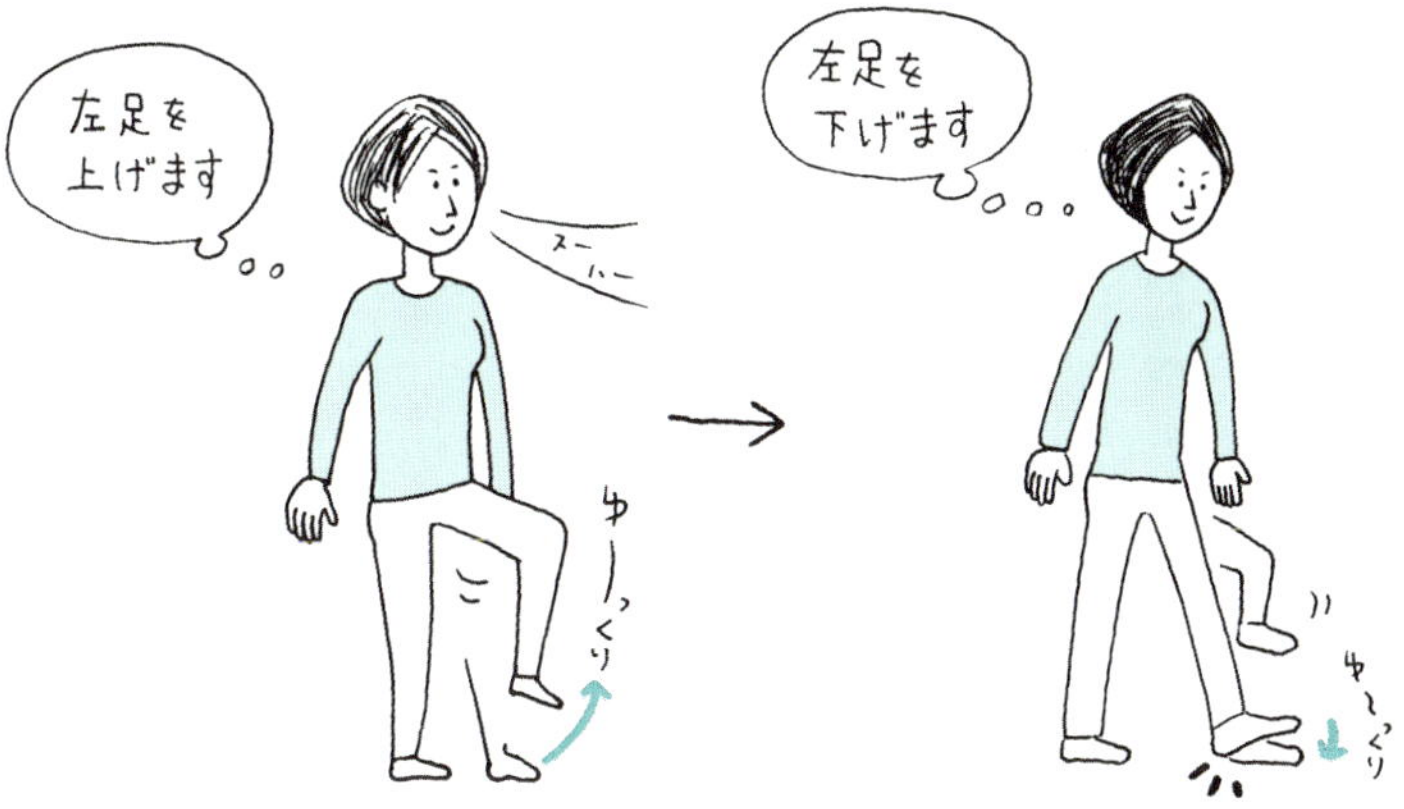

膝がカクっと音がする感じがあったり、足指の骨がギシッときしむ感じがあるかもしれません。そういった微細な感覚をできるだけキャッチしていきましょう。

目を閉じた方が歩行に意識を留めやすければ、目を閉じて行ってもかまいません。また足元を見ながら行った方が意識を集中しやすければ、足元を見ながら行ってもかまいません。ぶつからないよう注意！

やってみよう

歩行瞑想（ナチュラルスピード）

スロースピードの歩行瞑想は、他人からは少し異様な姿に見えてしまいますので、人目のある所、例えば大勢の人が行き交う通路や街中の道路ではナチュラルスピードの歩行瞑想がおすすめ。

オフィスでは廊下や階段を活用して3～5分ほどのコースを確保してみましょう。

①ナチュラルスピードの歩行瞑想を行うときは、おもに足底の感覚を意識します。

②足元を見つめる必要はなく、進行方向に視線を向けます。

③できるだけ一定の速度・リズムでしっかり深めに呼吸しながら、リズミカルに歩行していきます。

④「右（の足裏がついた）」「左（の足裏がついた）」と感じながら、左右の足底が地面に着いたり離れたりする感覚をじっくり味わいながら歩きます。

⑤スロースピードの歩行瞑想のときと同じように、何か別の思考や考えが浮かんで来たら、「考えが浮かんだ」「思考した」と気づいて、足裏に感覚を戻します。

歩行瞑想（ナチュラルスピード）

できるだけ一定の速度・リズムで深めに深呼吸しながらリズミカルに歩行していきます。

足裏の感覚をじっくり味わって！

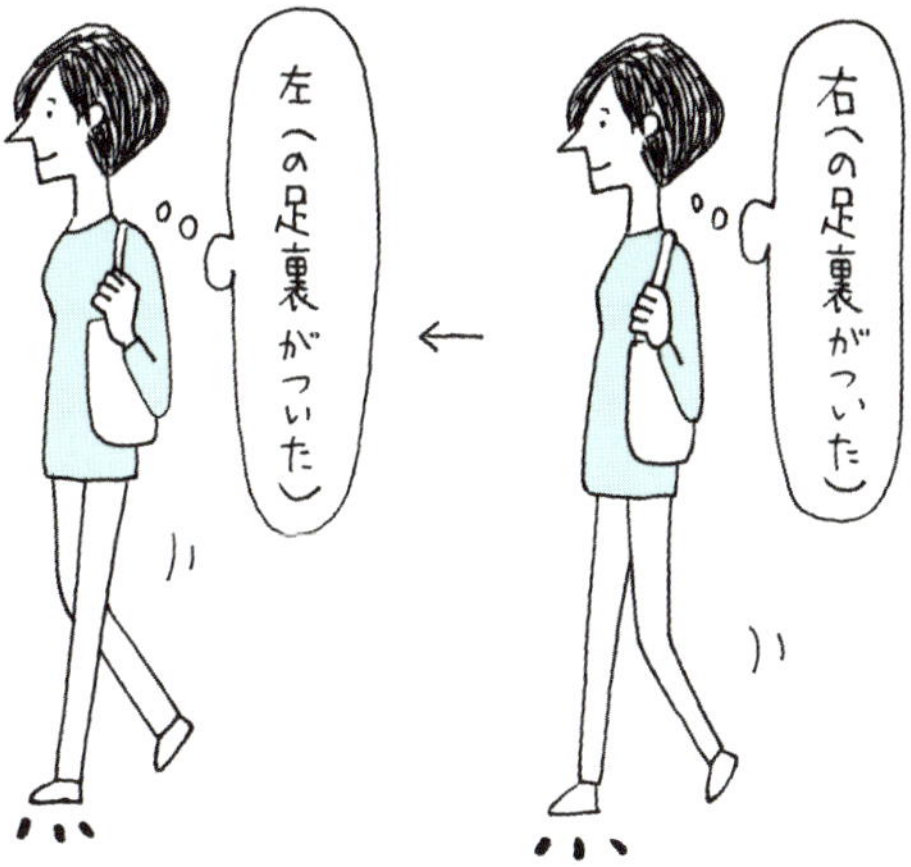

こちらは「右足を上げます」「右足を下げます」などと事前に心の中でつぶやく必要はありません。足裏の感覚を感じるだけでＯＫです。

心と体に効くのはどうして？

下半身の血流回復と瞑想効果で心身ともにすっきりさせる

ふくらはぎ（腓腹筋《ひふくきん》）や大腿部《だいたいぶ》（大腿四頭筋《だいたいしとうきん》）の大きな筋肉は「第二の心臓」と呼ばれることがあります。それは下半身の血液は、これらの下肢の筋肉の収縮によって心臓にまで戻っているからです。いわば**下肢の筋肉は血液を心臓に押し返すポンプ役**なのです。

そのため長時間座った姿勢で仕事をしていると、下半身の血流が悪くなってしまい、新鮮な酸素を含んだ血液が体の隅々まで行き渡りにくくなります。

したがって、**しっかりと呼吸しながら歩くだけで下半身の血流を回復し、全身に酸素がたっぷり行き渡るため、頭や体の疲労回復を促す効果があります。**

この歩行に瞑想効果を加えれば、体も心もより一層スッキリとして、精神を安定させる効果が得られるので、まさにオフィスで働く人にとっては一石二鳥ですね。

はじめに紹介したスローな歩行瞑想は、集中力を上げるサマタ瞑想のほか、ヴィパッサナー瞑想の効果があります。

思考や考えが浮かんでくることに気づいては歩行する感覚に意識を戻す。その繰り返しによって心の執着やこだわり、次々と連想・増幅されていく不安や心配に気がついて心を開放していくことができます。

２番目のナチュラルスピードで歩く瞑想は、まずリズミカルな歩行の刺激だけで脳からはセロトニンという脳内物質が分泌されやすくなります。セロトニンは冷静な思考や気持ちを整える働きのある物質で、知的活動には欠かせません。

このリズミカルな歩行に瞑想効果を加えることで、心が余計な思考から解放されやすくなります。ナチュラルスピードの歩行瞑想によって気持ちが落ち着いてくるときにセロトニンが分泌されると、時には今まで考えつかなかったアイデアや解決策がポーンと出ることも！　実際に著名な芸術家や研究者の中には「煮詰まったら歩きに行く」という人も多いようです。私自身も歩行瞑想後にひらめきを何度か経験しました。

あなたのまわりの環境に応じて２タイプの歩行瞑想を使い分けて活用してください。

シチュエーション 昼

03

難易度 ★★★

イライラ・そわそわを鎮める書字の瞑想

仕事中にイライラしてきたり、焦りや心配を感じてそわそわしてきたりすることってありますよね。でも、会議中だったり、重要な電話待ちであったりと、席を外せない場合もあるでしょう。そんなとき、その場でできるかんたんなマインドフルネス瞑想があります。名づけて「書字の瞑想」です。

やってみよう

書字の瞑想

①メモ帳や裏紙など、紙とボールペンなどの筆記用具を用意します。

②椅子の背もたれにもたれず、背筋をピンと伸ばしてしっかりと座ります。

③お腹をふくらませる腹式呼吸タイプの深呼吸を2～3回行います。

④自然な静かな呼吸に戻し、紙に自分の名前をゆっくりと心を込めて書きます。

⑤心が落ち着いてくるまで、何回もゆっくりと自分の名前を書いていきましょう。

毛筆の習字のように、「止め、はね、払い」に細心の注意を払ってください。また文字の直線はできるだけ美しくスッと引き、角や曲線もあなた好みの形で書けるように注意を払います。

日本古来の〝書く〟パワーを利用

昔から毛筆の習字や写経は、心を集中させたり落ち着かせたりする効果があるとされ、多くの日本人が愛好してきました。丁寧に一筆一筆心を込めて文字を書き上げていく習字や写経は、心配や不安、怒りといった雑念を払い、「今、ここ」に集中させるためのマインドフルネス瞑想そのものといえるでしょう。

日本文化は仏教の影響を大きく受けてきましたので、こうした習字、写経のほか、茶道や華道などにもマインドフルネス瞑想の効果が認められています。

オフィスでは毛筆を用意することはできませんが、ボールペンでも鉛筆でも、心を込めて文字を書くと、同様に効果が得られます。

ここで文字として「名前」を選んだのは、余計な雑念がわきにくいからです。あなたの好きな漢字や言葉でも悪くはありませんが、その文字の持つ意味が強すぎる場合は、文字を書くことよりも、その意味に意識が奪われやすくなってしまいます。

例えば心身が疲れ果てて体調が崩れかけているときに「克己」とか「利他」といった文字を書くと、文字の持つ概念のパワーに「今、ここ」の心が押さえつけられてしまい、「未来」に心が飛んでしまいますから注意してください。

あくまでも書字瞑想は心を「今、ここ」に取り戻すために行います。

シチュエーション
昼

04

難易度 ★★★

強烈なストレスから回復するための瞑想

「家を出ずれば七人の敵あり」と昔からの格言で表現されてきたように、外で働いていると思いもよらないところからストレスがやってきます。

よかれと思ってやったことが上司を怒らせてしまったり、ちょっとした行き違いから顧客から厳しいクレームが入ったり、信じていた友人が陰で悪口を言っていることがわかったり……。あなたもきっと晴天の霹靂《へきれき》といった強烈なストレスに見舞われた経験をお持ちのことでしょう。

強烈なストレスに圧倒されると、頭が真っ白になり目の前の仕事に集中しようとしてもできないといったフリーズ状態や、思考が頭の中でぐるぐると堂々巡りをする混乱状態に陥ってしまいます。

このフリーズ状態や混乱状態を早く脱して、冷静な思考や判断力を取り戻さなければなりません。

そんなときに役立つマインドフルネス瞑想法をご紹介します。

やってみよう　ボディスキャン&ヴィパッサナー瞑想

① まず椅子にゆったり腰かけて、背もたれにもたれず背筋を伸ばして座ります。両足はしっかりと地面につけて安定させます。

② 目を閉じて大きくお腹をふくらませて腹式呼吸をゆっくり3～5回繰り返します。

③ 32頁で紹介した慈悲の瞑想の言葉を心の中で味わいながらゆっくりと唱えます。口に出せる環境なら声に出してもかまいません

すべて唱えてもよいですし、「私が健やかで危険がなく心安らかに幸せでありますす

ように」の一番目のフレーズだけでもOKです。

④目を閉じて静かな呼吸を心がけながら、ボディスキャン瞑想をしていきます。頭の中から首、両肩、背中、胸、心臓や胃のあたり、下腹部といった流れで、順々に体の内部を点検するつもりで、心の目で眺めていきましょう。

⑤不快な感覚の場所に、呼吸によって新鮮な空気を送り込むイメージを描いてみましょう。実際に鼻から吸い込んだ息が、その部位へ流れ込んでいく感じをイメージします。

⑥その不快な部分に「ゆっくりと息を送りこんでは吐き出す」というイメージを描きながら、何回か静かな深い呼吸をします。

さて、ここまでで不快な感覚は和らぎましたか？

続けて、ヴィパッサナー瞑想に移ります。

ボディスキャンで不快な部分が見つかったら……

強烈なストレスがあるときは、たいていどこかにこわばりや重さ、ズドーンとした冷たい塊といった不快な感覚を感じているものです。

不快な感覚が見つかれば、そこを「心の目」でじっくりと眺めましょう。

不快な部分から「悲しみ」「怒り」「恐怖」などの感情を感じたら、それを認めて息を優しく送り込んで！
次第に不快な感覚や感情が和らいできます。

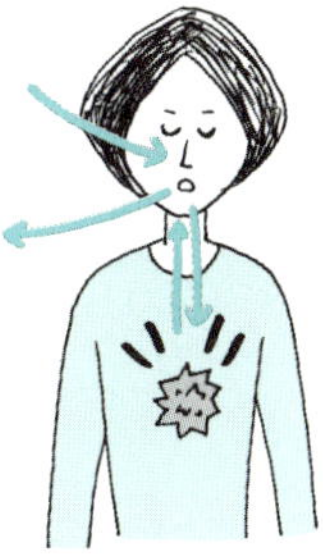

息を吐くときは、その不快な感覚の部位からも空気が流れ出ていくような感じをイメージしてください。

⑦不快な感覚が少し楽になったら、ヴィパッサナー瞑想を行います（72頁参照）。
鼻先に触れる空気の流れを感じながら呼吸を静かに繰り返します。

鼻先に空気が入ることで息をしていることを感じ、出ていくことで再び感じます。頭の中にショックを受けたことに対して、「どうしてだろう」とか「何が悪かったんだろう」とか「どうしたらいいんだろう」などと思考が浮かんでとらわれてしまうかもしれません。その思考にとらわれたことに気づいたら、静かに「思考していた」と気づいて鼻先の空気の流れに意識を戻します。

⑧時間が許す限りヴィパッサナー瞑想を続けます。
⑨心が落ち着いてきたら、静かに目を開けます。そして再び慈悲の瞑想（32頁）を唱えましょう。

「私がいつも健やかで危険がなく心安らかに幸せでありますように」

ヴィパッサナー瞑想を続けていると、次第に自分が未来を次々と想像して心配していることや、表面に出ている感情の裏に潜む思考に気づくことがあります。

例えば目の前のトラブルだけではなく、「あ〜これで今年の査定も落とされるだろうな」とか「上司に嫌われて、これからはいい仕事をもらえないだろう」などと未来のことを次々と心配している自分に気がつくかもしれません。

裏切った相手に対して怒りを感じていた裏には、「信じていた友達を失った悲しみ」や「過去にも同じ体験をした記憶の辛さ」といった別の感情や思考が潜んでいることに気がつくかもしれません。

そうした気づきはとても重要です。

「私は未来のことを勝手に心配していたんだ」「怒りだけじゃなく、悲しかったんだ」と気づいたら、その気づきを温かく見つめ、そして手放します。気づきにとらわれることなく、鼻先の空気の流れに再び意識を戻しましょう。

「無常観」を意識することでストレスに飲み込まれない

仕事中に大きなショックに遭遇して動転したとしても、いつまでもそのままでは目の前の仕事が滞ってしまいます。また心ここにあらずで取り組んでいたら、第二、第三のミスやトラブルを誘発してしまいます。

この瞑想をしたからといって、すぐにショックを感じている強烈なストレスはなくならないでしょう。しばらくは解決や対策に時間や気力を奪われるかもしれません。

しかし、そんなときこそ思い出して心に留めておきたい真理が、ブッダの無常観です（79頁参照）。

「何事も常に変化している。ずっと同じということはあり得ない」という万物の無常を意識していると、ストレスに取り込まれてしまうことなく冷静に目の前の物事に取り組んでいくことができます。

心がストレスに飲み込まれかけたら、この瞑想を繰り返してください。現実に起こっていることと、自分が勝手に心配したり不安に思ったりしていることの区別がついてきます。

また現実に起こっていることに刺激されて、過去の嫌な記憶も合わせて感じていることにも気づくかもしれません。

そういった気づきが増えれば増えるほど、強烈なストレスに対して飲み込まれにくくなっていくのです。

シチュエーション
昼
05
難易度
★★★

体と脳のパフォーマンスを快適にキープするマインドフルネスランチ

仕事の合間の昼食も、ただ漫然と無意識に食べていてはもったいないですよ！

午後からもうひと頑張りしなければならない脳や体のダイレクトな栄養となる昼食も、ぜひマインドフルネス効果と栄養学的効果を活用して、楽しみながら賢くいただきましょう（詳しいやり方は67頁を参照してください）。

やってみよう

マインドフルネスイーティング②

①基本的には第１章のマインドフルネスイーティング①と同じです。何か１つ、昼食メニューの中から食べ物を決めて、色、形、香りを感じます。

②口にゆっくり入れて唇や舌の触覚を感じ、そしてゆっくりと歯触りを感じながら味を感じていきましょう。

〈心と体に効くのはどうして？〉

午後のパフォーマンスを最大限にする3つの基本

ここでは午後からの仕事のパフォーマンスに悪影響の少ない昼食の選び方・食べ方をお伝えします。

まずパフォーマンス維持の昼食の基本その1は、「糖質メインのメニューは避ける」。

チャーハン、ラーメン、うどん、そば、おにぎり、菓子パンといった糖質（炭水化物）だけのメニューでお腹をふくらませてしまうと、てきめんに血糖値が急上昇します。すると昼食後に体がだるく頭がぼーっとなります。眠気が急激に襲ってきて午後からのパフォーマンスがぐっと落ちてしまいます。

昼食は、タンパク質（肉、魚、卵、大豆製品）と野菜、炭水化物（ご飯、パン、麺など）がバランスよく入った定食風メニューがベスト。タンパク質や野菜は血糖値を上げないので、炭水化物とミックスさせることで食後の眠気やだるさを緩和します。

昼食の基本その2は、「胃袋と対話して、糖質量を決める」。

昼食を食べるときは、あなたの胃袋にまず「お腹しっかり空いている？」と問いかけてください。朝食の量や午前中の活動量でお腹がまだ空ききっていないときもあるはずです。

もし胃袋から「お腹がまだあまり空いていないよ」とメッセージを受けとった場合は、前回の食事のエネルギーが残っていて、血糖値がまだ下がっていない証拠。

そんなときはご飯やパンや麺といった炭水化物はぐっと量を減らしておくのがベストです。血糖値の上がりすぎでボーっとなる状態を避けられますし、さらに肥満予防にも役立ちます。前回の食事が残っているところにエネルギーを注ぎ足しすぎると、確実に脂肪化してしまいますからね。

「お腹がしっかり空いているよ」というメッセージを受けった場合は、ほどよく糖質も加えたバランスメニューを食べてください。

昼食の基本その３は、「マインドフルに腹７〜８分目まで食べる」。

いくらバランスメニューでもお腹パンパンまで食べてしまうと、消化のために胃腸に血流が集中し脳への血流が減って、ぼーっとしてしまいます。また急激に胃腸が動き出して副交感神経（リラックスの自律神経）優位となってしまうためリラックス状態が異常に強くなり、眠気が引き起こされてしまうのです。

お腹がパンパンになるまで食べてしまうのは、「早食い」や「ながら食い」が大きな原因です。朝食の項で紹介したのと同様に、食べ物の色、香りをしっかり眺め、口の中に入ったときの食感、味の広がり、舌触りをしっかりゆっくり楽しみながら食べてみましょう。

また、しっかり噛みながら、食べ物が口の中で滑らかに消化され味わいが変化していくのを感じましょう。

スマートフォンやパソコン、テレビを見ながらではなく、「食べる」という行為に集中し、心の底から食べ物に意識を傾けること。これこそがマインドフルに食べるということなのです。

マインドフルに食べていると、腹7〜8分目のサインを逃しません。

「もうお腹がほどよく満たされ空腹じゃなくなった」

「でも胃は苦しいほどパンパンじゃないし、まだ少し食べられるけど」

といったあたりが腹7〜8分目ライン。このラインで止めておくと、食後も心と体のパフォーマンスが落ちず、昼食の栄養が補給されたことでますます仕事の波に乗ることができます。

基本その1

糖質メインのメニューは避ける

基本その2

胃袋と対話して、糖質量を決める

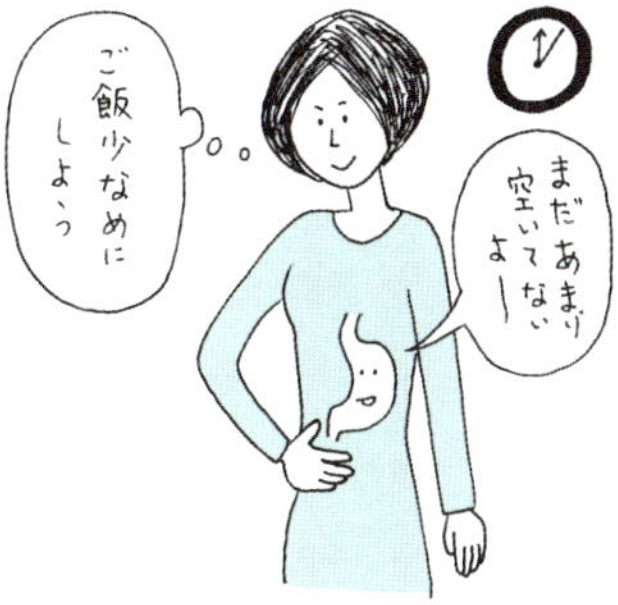

基本その3

マインドフルに腹７～８分目まで食べる

ミニレクチャー4

マインドフルネス瞑想をより深く知る②「ほどほどの美学」

ブッダは、人間は「楽しい」「心地よい」「ワクワクこと」といった快感をもたらしてくれる物や環境を求め、その快感が大きいほど執着することを見抜きました。その執着が強くなればなるほど、「万事が無常である」という真理に激しく抗《あらが》い、そして苦しみを自らつくり出してしまいます。

例えば、アンチエイジングに血道を上げ、高価な化粧品やエステ、美容施術に延々とお金をつぎ込む女性。「営業成績がいつも社内で1番であること」に執着して睡眠や食事を削って連日遅くまで仕事に没頭し続け、身体を壊した営業マン。あるベンチャー会社の経営者は、一等地の事務所や高級車など、「成功者の社会的ステイタス」に執着していますが、それを維持する利益を上げ続けるために手段を選ばず、孤独の中で富を失う恐怖とプレッシャーで常にイライラ・ピリピリしています。

これらは極端な執着の例ですが、似て非なる苦しみは私たちの日常にもいたるところに潜んでいます。例えば、ゲームやテレビなどの娯楽、美食、ファッションなどの物質的な快楽、他人からの評価や承認、尊敬や好意といった精神的な喜び……。こうしたものはすべて「無常」だと心に留めておき、執着して追いかけすぎないことが大切だとブッダは教えています。

いつも他人から評価されたい、好かれたい。
いつも親や上司の期待を満足させなければ！
いつもお洒落でセンスいいねと褒められたい。
いつもおいしい食事やお酒を楽しまなくちゃ気がすまない。
ゲームや歌や楽しいイベントで常にワクワク興奮を味わいたい。
SNSでいつも「いいね」をたくさんもらって承認されたい。

「いつもいつも」と快楽や喜び、賞賛や承認に執着すれば執着するほど、「もっともっと」と追いかける「欲」が出てきます。「無常」であることに抗い、「欲」を追いかければ追いかけるほど、「苦」になっていくのです。

自分が何かに対して「苦しいなあ」と感じたとき、ヴィパッサナー瞑想（72頁）を習慣にしていると、「あ、執着している」「欲をかいている」と早くに気づき、それを手放すことができるようになります。

ちなみに、ブッダはアンチエイジングもお金儲けも人生の楽しみもすべて手放して全くの無欲になりなさいと言っているわけではありません。

無常の心理を理解せずに、欲をかきすぎたり執着しすぎたりすると、逆に苦しみがどんどん増えていきますよ、と「ほどほどの美学」を教えてくれているのです。

「もっと豊かにもっと快適に」と人々の欲をあおり、上ばかり目指していた資本主義が頭打ちになっている現代において、ブッダの教えは人生において本当に大切なものを見つけていくための道しるべとなることでしょう。

第3章

帰宅後に心と体をリラックス状態に誘うマインドフルネス

〜興奮を鎮め、やすらかな眠りと回復の時間へ〜

1日の仕事や活動を終えて自宅へ戻って、眠るまでのひとときは、日中に受けた様々なストレスや刺激による緊張や興奮を穏やかに鎮静化させる大切な「クールダウン」の時間です。
このクールダウンがうまくできないときには、いつまでも思考や感情がぐるぐると脳の中を駆け巡り、心身が緊張したままになってしまうため、穏やかな眠りに入ることができなくなります。ぜひ眠るまでのクールダウンの時間を大切にしてください。

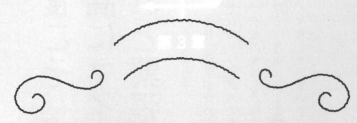

シチュエーション
夜
01
難易度
★★★

夕食こそ最高にマインドフルな食べ方で、疲れと緊張を解消！

1日の仕事が終わってゆっくりと楽しむことができる夕食こそ、もっとも心が解放されてリラックスできるという人も少なくないでしょう。

夕食の後はもう時間に追われて仕事をする必要もなく、他人の目を気にする必要もなく、自由に気ままに過ごすことができます。

夕食こそ、思いきりマインドフルに楽しみましょう。

やってみよう

マインドフルネスイーティング③

①基本的には朝食のマインドフルネスイーティング（67頁）と同じです。

おかずの一部、ワインやビールの飲み物でも何でもよいので、１つの食材を選んで食べ物の色、味、香り、食感をじっくり五感を使って味わってみましょう。

皆でワイワイ会話しながら食べるときは難しいかもしれません。無理せず、一口ひと口、じっくり噛んで味わって食べようと心がけるだけでもＯＫです。

②誰かと一緒に食べるときや外食するときなどは、心地よい音楽や気の置けない人たちとの会話も十分に味わって楽しみましょう。

③自分とともに食事してくれる人に対して、慈悲の瞑想（32頁）のフレーズの一部を心の中で唱えてもよいでしょう（「○○さんがいつも健やかで幸せでありますように」）。

疲労回復を助ける食材を選ぶ

夕食のおすすめは、疲労回復効果の高いタンパク質とビタミン・ミネラルの宝庫である緑黄色野菜類をたっぷり食べること。

特に疲労回復物質が豊富に含まれたタンパク質は、豚肉（ビタミンB群が豊富）、牛肉・ラム肉（カルニチンが豊富）、鶏の胸肉や回遊魚のイワシ、サバ、サンマ、タラ、マグロ、カツオ、アジ、ブリ、さけなど（イミダゾールペプチドが豊富）、卵（パーフェクトなアミノ酸食品）などです。

瞑想の指導者にはベジタリアンやマクロビオティックをすすめる人もいますが、医者の立場からはおすすめできません。こうした食事法はタンパク源が大豆製品と穀類だけになり、タンパク質不足になりやすいほか、タンパク質に含まれているアミノ酸にも偏りが出てしまいます。日中働いていて様々なストレスにさらされている人や体をかなり動かす人は、動物性タンパク質（肉、魚、卵）をしっかり食べてアミノ酸をまんべんなく摂取しなければ、疲労回復や組織修復が効率よくできません。また月経のある女性は、肉や卵、血合いの多い魚を食べていないと、鉄分不足で貧血状態になってしまいます。夕食は、メインディッシュとして過不足なく動物性タンパク質を用意し、ビタミン・ミネラル豊富な緑黄色野菜（ホウレンソウ、トマト、ニンジン、小松菜、ブロッコリー、ニラ、ネギ、さやえんどうなど）を中心にメインディッシュと同量以上の野菜・海藻類を食べましょう。

もちろん大豆製品（豆乳、納豆、豆腐、みそ）にも、ビタミンB1、ビタミンB6、コエンザイムQ10などの疲労に効く物質が含まれていますので、サイドメニューとして冷奴、豆乳スープ、納豆、みそ汁なども追加すると完ぺきです。

糖質（炭水化物）は、程よく摂取。白米、生成された白パンではなく、疲労回復効果の高いビタミン・ミネラルの豊富な雑穀米、玄米、ライ麦パン、全粒粉パンなどにするとベターです。

ただし炭水化物は活動するためのエネルギー源なので夜は多量に食べると肥満の元になります。ダイエット中の人はごく少量に減らしてもかまいません。

シチュエーション
夜
02
難易度
★★★

日中の疲れをスルスル流す！ソファーで至福リラックスストレッチ

美味しい夕食でお腹がほどよくいっぱいになって、ソファーでゆったりテレビを観たり音楽を聴いたりする時間も至福のリラックスタイムですよね。

良質なリラックスタイムを過ごせば過ごすほど、その後に自然な眠気が訪れ、深くて質のよい睡眠がとれます。

この至福の時間をさらに心地よく過ごすストレッチタイプの瞑想をご紹介しましょう。眠りにつく1～2時間前に行うのがポイントです。

やってみよう　上体反らし＆首ねじりストレッチ

①ソファに正座して座ります。上半身を反らすので、背もたれと平行に座ります。

カーペットや畳の床であればそのままでＯＫ。フローリング床なら座布団を敷いて固さを和らげてください。

②まず３～５回ほどゆっくり深呼吸して気持ちを整えます。

③「腰に手を当てます」と心の中でつぶやいてから、腰に両手を当てます。

④「体を反らします」と心の中でつぶやいてから、上半身を無理のない範囲でゆっくり反らします。最大限に反らせたら、そこで１～２秒停止します。

⑤「体を戻します」と心の中でつぶやいてから、上半身をもとにゆっくりと戻します。

⑥心地よく胸が開いて背中が伸びたら、また腹式の深呼吸を数回入れて心を整えます。

⑦次は体をまっすぐに保ったまま首をゆっくりと左右に回旋させます。

「左に回します」と心の中でつぶやいてから、首を左にゆっくりと回していきましょう。

⑧最大限左に回したあとは、1〜2秒停止したあと「首を戻します」と心でつぶやいて、ゆっくりと正面に首を戻します。右側も同様に。

上体反らし＆首ねじりストレッチ

①〜⑤
3〜5回の深呼吸のあと、「腰に手を当てます」「体を反らします」と心の中でつぶやいてから実際に動作に移します。

「体を戻します」と心の中でつぶやいてからゆっくり戻し腹式の深呼吸をします。

⑥〜⑧
「左に回します」と心の中でつぶやいてから首を回します。戻すときも同様に心の中でつぶやいてから。

首の筋肉から両肩にかけて、心地よく伸ばされる感覚をじっくり感じてください。

右側も同様に！

×5〜10回

やってみよう　金魚ストレッチ

①**ソファーに長く寝そべります。**

カーペットや畳の床であれば床に寝そべってもＯＫ。フローリングならヨガマットやラグを敷いて固さを和らげてください。

②**お腹に手を当てて、お腹のふくらみを感じながら大きく腹式呼吸を3〜5回行います。**

息を吸い込むとお腹がプーっとふくらむ感じ、そして息を吐き出すとお腹がゆっくりへこむ感じを両手のひらで感じます。

③**「両腕を伸ばします」と心の中でつぶやいてから、ゆっくりと両腕をバンザイするように長く頭の上に伸ばしていきます。**

④**「組みます」と心の中でつぶやいてから、両手を組みます。**

⑤「伸ばします」と心の中でつぶやいてから、体を上下縦方向に延ばし、ぐ～～んと大きな伸びをします。

⑥思いきり体が縦方向に伸びたら、そこで深い呼吸を1～2回行います。

⑦次は上半身、腰、脚にかけてゆるやかに大きく左右にゆらゆらとくねらせていきましょう。「体を揺らします」と心の中でつぶやいてから、金魚が全身をくねくねと動かして泳ぐようなイメージで。

⑧5～10回くねらせて、体が心地よくほぐれたら、体をまっすぐに整えます。

⑨そして「腕を下ろします」と言ってから、腕をお腹の上に戻し、再びゆっくりと腹式呼吸を2～3回行って終了します。

金魚ストレッチ

①②長く寝そべったら腹式呼吸を３～５回します。

首、背骨、腕、股関節、膝関節などすべての体の関節を心地よく思いきり伸ばして！

⑥思いっきり縦方向に伸びたら、深呼吸を１～２回します。

⑦～⑧心の中で「体を揺らします」とつぶやいてから、上半身、腰、脚にかけて大きく左右にゆらゆらくねらせます。

腕、わき腹、背中、大腿部などの筋肉が伸びたり縮んだりする感覚を感じましょう。くねくねとゆっくり動かしながら、軽くボディスキャン瞑想（48頁参照）をしてもOK！

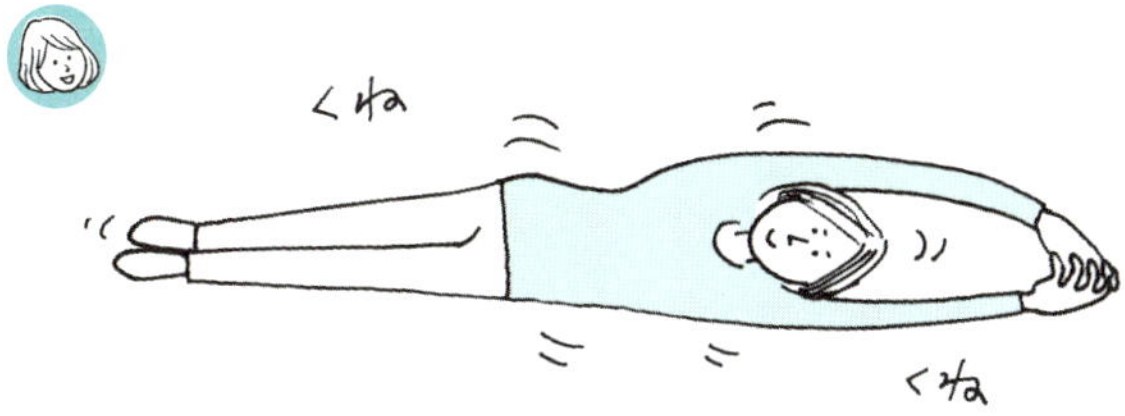

眠る1～2時間前の軽い運動が良質な睡眠につながる

ここでご紹介したストレッチは、リビングのソファや畳などでできるかんたんで効果的なストレッチです。

睡眠医学では、眠る1～2時間前に「息が弾まない程度」の軽いストレッチ体操をすることで、血の巡りがよくなり体温がゆるやかに上昇するため、良質な睡眠を誘う効果が得られると証明されています。

また、1日中、重力に逆らいながら歩いたり立ったり座ったりしている間に背骨の間隔が狭まって縮まっています。さらにデスクやパソコンに向かっている時間が多ければ多いほど、背中が丸まり胸の筋肉が収縮し、前のめりの状態に体の筋肉が固まりがちです。

125頁の上体反らし&首ねじりストレッチでは、ゆっくりと反対方向に伸ばしながら胸を広げていくことで、固まっていた胸骨や肋骨が大きく開いていくのが感じられるでしょう。

１２７頁の金魚ストレッチでは、背骨を中心に大きく体を縦方向に伸ばし、一日中頭上にかかった重力のために縮まってしまった背骨や股関節の関節を伸ばします。

また重い荷物や書類などを抱えて屈曲させていた腕やひじの関節をぐっと伸ばすことで、１日の疲れをスルスルと心地よく流していく効果があります。

ストレッチはテレビを見ながらでももちろん可能ですが、呼吸を整え、肩や腕、太もも、ふくらはぎなどの筋肉の動き、関節や筋がぐ～んと伸びる感覚を１つひとつ丁寧に意識し、ゆっくり感じながらストレッチすればするほど、心を穏やかに「今、ここ」へと整えるマインドフルネス効果が得られます。

シチュエーション 夜 03

難易度 ★★★

夜の心配や不安をほぐしながら眠りにつく2種類の瞑想

ベッドに入っても仕事のことが心配になったり、人間関係について不安になったりすることがしばしばありますよね。

産業医としてカウンセリングしていると、重要なプレッシャーのかかる仕事を抱えている人、仕事量の多い人ほど「眠ろうとしても仕事のことが頭の中をぐるぐると回って、なかなか寝つくことができない」と悩んでいることがわかります。

これは「体はヘトヘトなのに、脳や心の緊張がほぐせない」いういわゆる「過緊張」の症状です。過緊張が悪化すると、不眠症やうつ病に進行していくことも多々あります。

そんなときは、リラックスするための数息瞑想やボディスキャン瞑想がおすすめ。

リラックスしてよい眠りに入るための瞑想は、本来の自分の心を見つめたり集中力を培ったりする瞑想の意義からは外れるかもしれませんが、睡眠をしっかりとることは脳が疲れやすい現代人にとって何よりも重要な健康の要です。

やってみよう　数息瞑想

① ベッドに仰向けにゆったりと寝ころびましょう。

良眠のためには、照明はできるだけ暗くします。真っ暗が怖い人は豆球ぐらいの照明に。

② 目を閉じて、両手は体の横にリラックスして沿わせます。

③ おへそから下腹を意識して、ゆっくりとふくらませながら鼻から息を吸い込みます。

④ お腹がふくらみきったら、今度はゆっくりお腹をへこませて空気を鼻腔から吐き出

します。
⑤この深い腹式呼吸に合わせて、「い〜ち」、「に〜」、「さ〜ん」、「し〜」と10まで数を数えながら行います。
⑥10まで数えたらまた1に戻ります。
⑦意識はできるだけ呼吸の流れに向けてください。鼻腔から肺に入りお腹がふくらみ、そしてお腹がへこんで息が出ていくのを感じます。

仕事や人間関係で気になっていることに意識が飛んでしまい、数がわからなくなったら、また1から繰り返しましょう。

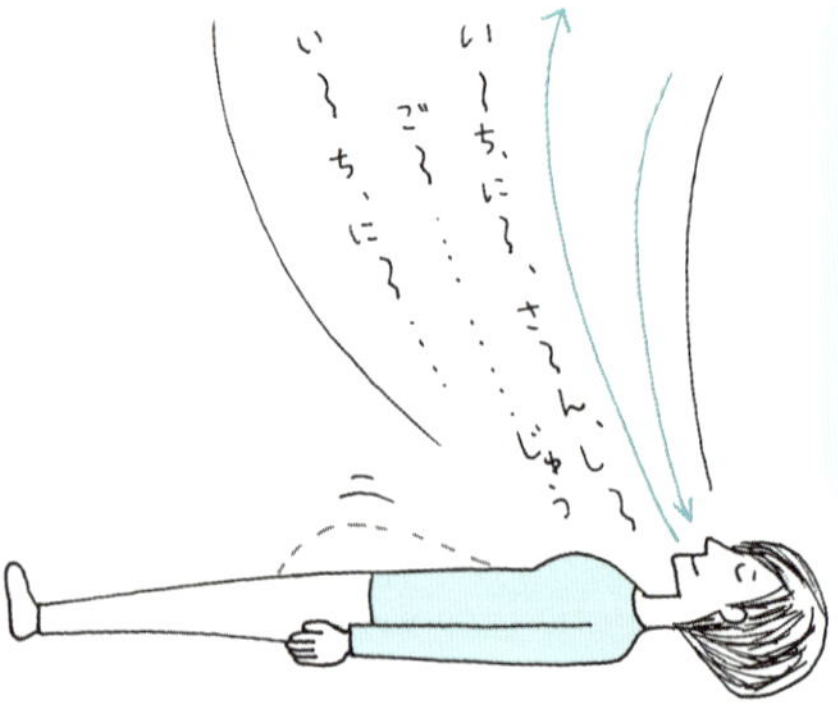

鼻から息を吸い込むときは、鼻腔を通る空気の流れを感じ、肺に空気が入り、お腹がゆっくり大きくふくらむ感覚をしっかり感じます。吐き出すのは口からでも鼻からでもOK。とにかくゆっくり長〜く。

やってみよう

リラックス・ボディスキャン瞑想

数息瞑想をしていても、頭が冴えてなかなか寝つけなかったり、何となくしっくりこなくてリラックスできないときは、ボディスキャン瞑想に切り替えてみましょう。

①目を閉じて深めの腹式呼吸をしながら、頭のてっぺんからゆっくりと「心の目」で眺めていきます。頭の中、両耳、目、鼻、口首、左右の肩、背面……といった感じで、あなたのペースでOK。

１日中、自分のためにひっきりになしに働いてくれていた体の各部位に、「ありがとう、お疲れさま」と感謝の気持ちを感じながら点検していくと、さらに効果的です。

②力がすごく入っている、固い塊がある、つっぱっていると感じる部位があったら、意識してその部位を脱力してみましょう。

過緊張のときには、あごをぐっと噛みしめていたり、両肩にぐっと力を入れている

ことがよくあります。入念にチェックして緊張をほぐしてください。

④こうしてゆっくり深い呼吸とともに体の各部位を感謝を込めて点検していくと、全身の筋肉と緊張が次第にゆるんできて知らないうちに眠りに引き込まれていきます。

うまく脱力ができない場合は、深呼吸して空気を流し込み、ゆっくり呼気とともに空気が出ていくイメージを持ってみましょう。

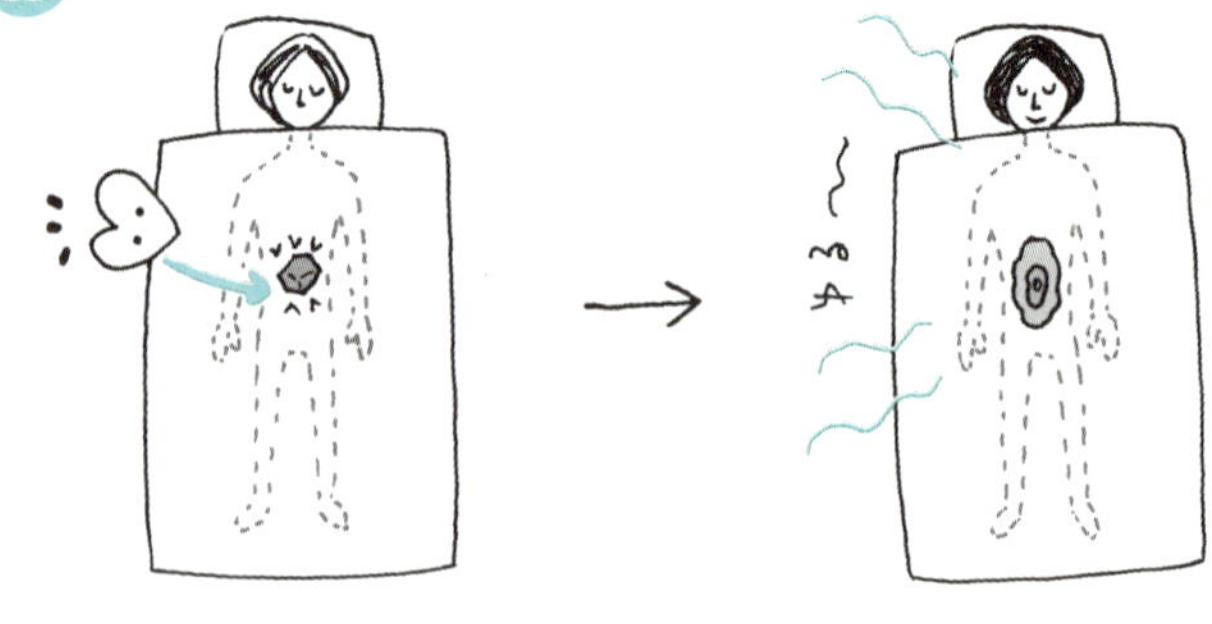

力が入っていたり固い塊があるようなら意識して脱力してみましょう

心と体に効くのはどうして？

腹式呼吸で交感神経の興奮を鎮める

日中にイライラしたり、プレッシャーや多量の仕事を抱えてピリピリ緊張すればするほど、アドレナリンが出て必ずどこかに力がギュッと入っています。これは自律神経系の緊張を司る交感神経系が優位になっている状態です。

通常は、家に戻ってリラックスしていると、副交感神経というリラックスするための自律神経が優位になってくるのですが、行き過ぎた交感神経の緊張がある場合はこの切り替えがうまくいきません。そのためいつまでも緊張が続いてしまい、眠ろうとしても心や脳や体の筋肉が緊張から解放されないのです。

そのため夜は意識的に腹式呼吸を行います。腹式呼吸は交感神経の興奮を鎮めて、リラックスする効果が絶大です。ベッドの中では深くてゆっくりした腹式呼吸を気持ちが落ち着いてくるまで続けましょう。

過緊張のときはいろいろな思考がわいてきて、意識が呼吸から離れやすくなるため、数を数えることで予防していきます。

眠れないときは「羊が1匹、2匹、3匹……」と数えていく方法が有名ですが、この方法だとつい羊の数に意識がいってしまい、逆に「あ～もう100匹になるのに、まだ眠れない」と一種の強迫観念が生まれることも。また羊の数を数えるだけで、呼吸には意識が向きませんので、深呼吸の持つリラックス効果も薄れます。

「体への感謝の気持ち」を込めて行うボディスキャン瞑想では、心と体とのつながりを取り戻すことができます。

過緊張のときは、脳がひっきりなしに思考を生み出しているため、いわば「頭でっかち状態」になっています。すると体の感覚とのつながりが遮断されてしまい、あごの噛みしめや肩や首筋の硬直に気がつかずにいることが多いのです。

私たちの体は、細胞が約40兆個ほど集まって成り立っていると推定されています。（成人の場合）。生物学を学んだ人はご存じのように、1つひとつの細胞はミトコンドリアやゴルジ体、核といった様々な構造物で構成されていて、あなたの意思とは関係なしに「勝手に」「自動的に」、あなたの命を守るための生命活動を続けてくれています。

まさに私たちの体は約40兆個の細胞が寄り集まり、一致協力して「私」という生命体を運営してくれている超巨大な企業のようなもの。

私たちにはその大企業のオーナーとして、40兆個の細胞たちに感謝し、栄養を与え、睡眠によって休ませる責任があります。

「今日も1日頑張ってくれてありがとう」という感謝の気持ちを細胞の1つひとつに伝えるつもりでボディスキャン瞑想をしていくと、緊張してトゲトゲしていた気持ちが落ち着き、次第にリラックスしていくことができます。このボディスキャン瞑想をしている最中に心地よい眠りに入れることもよくあります。

特

スペシャルトライ編

難易度 ★★★

心を見つめる力を深める本格的ヴィパッサナー瞑想

時間がたっぷりある休日は、本格的なヴィパッサナー瞑想にチャレンジしましょう。第1章（72頁）でも触れましたが、この瞑想は自分の心を「観る」タイプの瞑想です。ヴィパッサナー瞑想を定期的に続けることで、自分の心を見つめる力が深くなり、様々な生きるための洞察力や智慧《ちえ》を得ることができるとされています。

マインドフルネスについて解説した本の中では1日30分や1時間以上ヴィパッサナー瞑想を行うことをすすめているものもあります。

ですが、多忙を極める一般人にとって毎日長時間、瞑想のためだけの時間をつくることは至難のワザです。

また医師の立場としては、「瞑想するための時間を捻出すること」に執着するあまり、睡眠や食事、家族との会話の時間を削ってしまうことは、逆に心と体の健康によくないと考えます。

そこでスペシャルトライ編として、休日などたっぷり時間が確保できる日におすすめの本格的なヴィパッサナー瞑想をご紹介します。

ここでは、「慈悲の瞑想」からはじめる本格的なヴィパッサナー瞑想のやり方をお伝えしましょう。

やってみよう ヴィパッサナー瞑想

①できるだけ静かで、1人になれる場所を選びます。

②床に座布団や布を敷いて胡坐《あぐら》座《ざ》に座ります。

74頁でもお伝えしたように、どんなタイプの胡坐《あぐら》でもかまいません。

結《けっ》跏《か》趺《ふ》坐《ざ》といって両足を膝の上に上げるタイプの胡坐が有名ですが、これは足の関節がかなり柔らかくない人は痛みが出てしまいます。

胡坐をかくのは、骨盤から背筋をスッと伸ばす姿勢をつくりやすくするためと、足のしびれを予防し、安定して長時間座るためなので、無理のない胡坐座で座ってください。

そして骨盤を立てて、背筋を自然に伸ばして座りましょう。

もし膝が痛い場合は、背もたれのある椅子に背筋を伸ばして座る方法でもかまいません。

③手は下腹の前にそっと重ねて置きましょう。

重ね方には特に決まりはありませんが、左手を下にして右手を上に置くとブッダの手の重ね方と同じになるために、そちらを好む人が多いです。

④深呼吸を2〜3回したあと、「慈悲の瞑想」を唱えます。

32頁で紹介した慈悲の瞑想には、心を安らかに穏やかにしながら、慈愛の心を広く育てていく力があります。

ここでは慈悲の瞑想のフレーズを再度掲載しますので、まずはゆっくりと心の中で唱えましょう。

慈悲の瞑想

「私がいつも健やかで危険がなく、心安らかに幸せでありますように」

「私のお母さんとお父さんがいつも健やかで危険がなく、心安らかに幸せでありますように」

「私の恩ある人々がいつも健やかで危険がなく心安らかに幸せでありますように」

「私の親しい人々がいつも健やかで危険がなく心安らかに幸せでありますように」

「すべての生きとし生けるものたちが健やかで危険がなく心安らかに幸せでありますように」

⑤慈悲の瞑想のあとは、目を閉じたまま、鼻から息をゆっくり吸い込みながら、鼻先を意識します。

あなたにとって空気が鼻腔を通る「感覚」を最も感じやすい場所を1つ決めて、そこで空気の流れを感じます。

⑥空気が入ってきたこと、そして出ていくことを鼻先の一点で「感じ」、そして「呼吸をしていることに気づく」。ヴィパッサナー瞑想では、この作業をひたすら繰り返します。

⑦ヴィパッサナー瞑想をしはじめると、1分もたたないうちに、いろいろな思考がわいてきて、意識が鼻先の呼吸から離れてしまいます。何らかの思考がわいて意識がその思考にとらわれたら、「思考したこと」に気づいて、鼻先の空気の流れに再び意識を戻してください。

思考が生まれたら、「○○のことを考えていた」「△△を思い出していた」などとしっかりと気づいてください。これが思考を観るということです。

⑧ **「思考や感情に意識が飛んだことに気づいては、静かに呼吸に戻る」ことを淡々と実践します。**

⑨ **①〜⑧までを、20分〜30分が目安に続けます。終了するときは、「目を開けます」と心の中で言ってゆっくりと目を開けます。**

はじめは5分も座っているとつらくなってきたりします。その場合は決して無理はしないでください。

瞑想していても思考がわいてくるのが普通です。ですから、意識が呼吸から離れても「また集中が途切れた」「私は集中力が足りない」などと自分を責めたり意気消沈したりしないようにしてください。

ヴィパッサナー瞑想は、いわゆる座禅などで強調される「無になること」を目的とする瞑想とは違いますので、思考が浮かんできても全く問題ありません。

「思考や感情が浮かんだら、それにしっかりと気づく」

とにかくヴィパッサナー瞑想は、ひたすらこの作業を繰り返します。

それが「思考を観る」ということであり、鼻先の空気の流れに意識を戻すことで「今、ここ」にしっかり生きるということを体験していきます。

一般的には、20分ほどヴィパッサナー瞑想を続けていくと、脳が深く休息し精神状態が澄んでくるとされていますが、辛いときには無理して長時間座る必要はありません。

自分自身の執着や恐れに気づく

本格的なヴィパッサナー瞑想は、時間に追われない休日に、少しずつチャレンジしていきましょう。心に次々とわき出す思考や恐れ、気持ちに「気づき」「観て」「とらわれず」に「今、ここに戻る」ことを繰り返していく瞑想ですから、今までお伝えしてきた生活の流れの中で実践できるクイックタイプの瞑想よりも少し忍耐力や心の余裕を必要とします。

ですが、ヴィパッサナー瞑想を続けることで、自分自身が執着している物事や心のこだわり、恐れなどに気づき、その事柄に心や行動が支配されてしまう「マインドレス」な状態が減ってきます。

冒頭でお伝えしたとおり、マインドフルネス瞑想は、心のトレーニング法です。このヴィパッサナー瞑想を続けていると、「勝手に浮かんできて、自分を支配してしまう思考や感情」に対して「気づく力」が少しずつトレーニングされていきます。

さまざまな刺激があちこちから押し寄せる現代社会では、あなたも私も、ふとした拍子に受けた刺激によっていろいろな思考や感情が絶え間なく生まれ、心や脳が支配されてしまいます。

例えばヴィパッサナー瞑想の途中で激しい思考や感情にとらわれることもあります。

「ふと時計の秒針の音が気になった（刺激）」

すると、

「明日の重要な仕事のことを思い出した」（思考の誕生）

「プレゼンに失敗したらどうしようと心配になり、上司の顔が浮かんできて怖くなってきた」（未来への妄想）

「過去にその上司から受けた理不尽な仕打ちを思い出して怒りと悲しみが込み上げてきた」（過去の思考への連想）

もしこうした強烈な思考や激しい感情が連鎖的に次々と生まれはじめたら、その思考や感情に一時は意識がとらわれるでしょう。しばらく思考や感情に意識がとらわれてしまっても問題ありません。安全な静かな場所で瞑想していると、必ずふと「とらわれていること」に気づきます。

そのたびに「あ、今、私は○○にとらわれていたな」「過去へ未来へと思考の連想ゲームにはまっていたな」と気づいて、鼻先の空気の流れに意識を戻しましょう。

これが「気づき」のトレーニングなのです。

この「気づき」のトレーニングを繰り返すことで、日常の生活での刺激によって生まれる不安、怒り、恐れ、浮つき、自己嫌悪といったストレスを生み出す思考や感情にとらわれてふりまわされることが減ってきます。

ぜひ休日の時間があるときに、まずは20分間を目安として、チャレンジしてください。72頁で書いたように、ヴィパッサナー瞑想は5分だけでも日々の生活で気軽に定期的に続けていくだけでも効果があります。時間がないときには無理をせず、1～2分でもいいので続けてみてください。

私自身は、平日はその日の予定に合わせて、慈悲の瞑想とヴィパッサナー瞑想のセットを5～20分程度、休日には30分～1時間程度かけて念入りに行っています。最近は自分の思考や心の動きに以前に比べて早くに気づけるようになり、怒りやイライラ、不安など「エネルギーを消耗するストレス思考・ストレス感情」(27頁参照)に取り込まれる時間が減ってきました。

また「今、ここ」をより深く味わえるようになり、家族や友人と過ごしているときには、心からその時間を楽しみ、逆に仕事中は目の前の仕事に集中しやすくなりました。

ただし、こうした私の効果は一例であり、ヴィパッサナー瞑想の効果やその現れ方は人それぞれで、必ずしも万人に共通するものがあるわけではありません。

ぜひあなたのペースでヴィパッサナー瞑想を深めていってください。※

※現在、精神科や心療内科に通院されている方は、主治医に相談してからにしてください。重症の不眠やパニック障害、妄想や幻覚が出現している統合失調症、躁うつ病、その他の精神疾患では、長時間の瞑想は控えたほうがよい場合があります。

ミニレクチャー5

マインドフルネス瞑想の効果をグンと上げる「睡眠」

マインドフルネス瞑想は心を整え、ストレスを軽減するためにとても有効な手法ですが、その効果を最大限に発揮するためには「睡眠」が欠かせません。じつは、いくら瞑想やその他のリラクゼーション法を実践したとしても、睡眠不足が続くと効果はほとんどのぞめないのです。

脳は睡眠中に休んでいるのではなく、体全身の疲労を回復したり傷ついた組織を修復するホルモンを放出したり、免疫力を高めています。また脳内の記憶の整理・定着・削除をしたり、感情を整理して嫌な気持ちを薄めたりと様々な心と体のフル・メンテナンスを行ってくれています。

この心と体のフル・メンテナンスを行うためには、普通の体質の方だと6時間以上の連続睡眠が必要とされています。あなたはしっかり眠れていますか？

良眠をとるためのポイントは次のとおり。ぜひ実践してみてください。

▼午前中に起き太陽の光を浴びて、生体リズムをきっちりスタートさせる。

▼日中は体をよく動かす。昼寝をするならば、午後3時までに1時間以内にする。
▼眠る2～3時間前には食事を食べ終える。
▼アルコールは適量（普通の体質の人でビール500mlまたは日本酒1合またはワイン180ml程度）にとどめ、眠る2～3時間前には飲み終える。
▼眠る2～3時間前からはスマートフォンや激しい動きのゲーム、テレビ、DVDなどは見ない。仕事や頭を激しく使う作業などもできるだけ避けて、リラックスモードにシフトさせる。

マインドフルネス瞑想の指導者の中には、「瞑想が最高の健康法であり、瞑想さえしていると薬は一切いらない」などと極端なことを語る方がいますが、瞑想は万能薬ではありません。

もしあなたが、深刻な不眠で悩んでいる場合は、まずは精神科医などに相談し、適切な医療を受けてください。マインドフルネス瞑想は主治医の許可を得てから取り入れることをおすすめします

おわりに

本書を最後までお読みいただきまして、ありがとうございました。

本書はマインドフルネス瞑想を可能なかぎりかんたんにわかりやすく解説し、忙しいあなたの生活の中でも実践していただけるようにと願いながら書きました。

あなたのお好きな瞑想スタイルを選び、1日1つでも2つでもよいので実践してみてください。

そしてあなたの毎日の中で、マインドフルネスな時間を1日数分からでもつくり出していただきたいと思います。

マインドフルネスな時間が増えていくほどに、あなたの毎日にはきっと穏やかな平和と心安らぐひとときが広がっていくことでしょう。

私自身、マインドフルネス瞑想を実践してからそんな日々が確実に増えているのを感じます。そしてマインドフルネス瞑想の素晴らしさを心の底から味わっています。

以下、私事を少し。

私は長年、精神科医として様々な心理学や精神療法を学ぶ機会が多く、個人的にもコーチングや自己実現学、果てはスピリチュアルに至るまで、ありとあらゆるメンタルに関連する理論やメソッドを試してきました。

それぞれに役に立つ方法や教えは大いにありましたが、根本的な心の苦しさをスッキリ解決する方法はどうしても得られませんでした。

そんな中、精神科領域で注目されはじめたマインドフルネス療法を通じてマインドフルネス瞑想と出会い、さらに不思議なご縁で上座仏教修道会の吉田郁子先生からブッダの教えとともに瞑想をご指導いただく機会に恵まれるようになりました。

マインドフルネス瞑想の創始者であるブッダの真の教えを学びながら瞑想を行うことによって、私は次第にはっきりと「心の苦しみの正体」を知り、苦しみを滅するためのマインドフルネス瞑想法の意義を心の奥深くで理解することができたのです。

そして現在は、1つひとつ心の苦しみを手放していく過程をゆっくりではありつつも確実に進んでいる喜びを味わいながら、マインドフル瞑想を楽しく実践しています。

このような経緯から、本書では私が理解し得る範囲のブッダの教えをコラムの中でお伝えしながら、マインドフルネス瞑想法をご紹介しています。

欧米流のマインドフルネス手法は宗教色を排除するという意図のもと、ブッダの教えが削ぎ落とされてしまっているものが多く、かえって瞑想の効果や意義が理解しにくくなっているように思うからです。

ブッダの教えの根本は、現在のような宗教ではなく、苦を滅して心安らかに生きることを目指して驚くほど緻密に組み立てられた実践的な人生哲学でした。それは現在の精神医学や心理学に照らしてみても、多岐にわたって見事に呼応しています。

本書を通じマインドフルネス瞑想法とともに、私の拙い筆の力でブッダの偉大な哲学の輝きの片鱗だけでもお伝えすることができたならば、そしてそれがあなたの心を少しでも楽にする小さなきっかけになれたならば、著者として最高の幸せです。

あなたがいつもお健やかで心安らかに幸せでありますように……。

謝辞

本書を執筆する貴重なきっかけをつくっていただいた有限会社ヒューマンギルド代表でありアドラー心理学の第一人者である岩井俊憲先生にまず御礼申し上げます。

そして私の熱意に賛同し、素晴らしい編集力で本書を世に送り出してくださった担当編集の久保田章子さんに心から感謝します。

またマインドフルネス瞑想とともにブッダの教えをいつもご指南いただく上座仏教修道会のニャーヌッタラ長老様、吉田郁子先生に心からの尊敬とともに御礼を申し上げます。

そのほか、本書に関わっていただきましたすべての皆様、誠にありがとうございました。

２０１６年11月

奥田弘美

【参考図書・文献】

（1）『マインドフルネスストレス低減法』（2007）ジョン・カバットジン (著)、北大路書房

（2）『うつのためのマインドフルネス実践 慢性的な不幸感からの解放』（2012）マーク・ウィリアムズ、ジョン・ティーズデール（著）、星和書店

（3）『サーチ・インサイド・ユアセルフ——仕事と人生を飛躍させるグーグルのマインドフルネス実践法』（2016）チャディー・メン・タン（著）、ダニエル・ゴールマン（序文）、一般社団法人マインドフルリーダーシップインスティテュート（監修）、柴田裕之（翻訳）、英治出版

（4）『世界のトップエリートが実践する集中力の鍛え方 ハーバード、Google、Facebook が取りくむマインドフルネス入門』（2015）荻野 淳也 、木蔵シャフェ君子 、吉田 典生（著）、日本能率協会マネジメントセンター

（5）伊藤雅之　2013「イギリス社会と幸福論の現在～新しいスピリチュアリティとマインドフルネス瞑想に着目して～」愛知学院大学文学部紀要抜刷　43;　19-33

（6）『テーラワーダ仏教が伝える慈経』（2010）バッダンタ・ニャーヌッタラ（著）、上座仏教修道会

（7）Wiswede D,Münte TF,Krämer UM,Rüsseler J.2009. Embodied Emotion Modulates Neural Signature of Performance Monitoring. PLoS ONE 4(6): e5754. doi:10.1371/journal.pone.0005754

（8）Paul E, Richard D. 1993.Voluntary Smiling Changes Regional Brain Activity.Psychological Science 4(5) 342-345-

（9）Devidson,R.J.2004. Well-being and affective style; Neural substrates andbobehavial correlates. Philosophical Transaction of Royal Society　359;1395-1411

（10）Tang,Y.,Y.Ma,J.Wang, et al.2007.Sort-term meditation training improve attention and self-regulation. Proceeding of the National Academy of Sciences　104：17152-17156

（11）Lutz,A.,J.Brefczyski-Lewis, et al. 2008.Regulation of the neural circuitry of emotion by compassion meditation;Effects of medirative expertise.PLoS ONE3 (3);e1897

（12）Davidson,R.J.,Kabat-zinn, et al.　2003.Alterations in brain and immune function produced by mindfulness meditaion. Psychosomatic Medicine 65;564-570

（13）平野美沙、湯川新太郎　2013.「マインドフルネス瞑想の怒り低減効果に関する実験的検討」2;93-102

（14）春樹豊、石川利恵ら　2008.「マインドフルネスに基づくストレス低減プログラムー健康心理学への応用―」健康心理学研究　21;57-67

【著者紹介】

奥田弘美　（おくだ　ひろみ）

精神科医（精神保健指定医）、産業医、作家
日本マインドフルネス普及協会代表理事
奈良県出身。1992 年山口大学医学部卒業。
精神科医および都内 18 カ所の企業の嘱託産業医として、長年多くの人々のメンタルヘルスケアに携わるなかで、マインドフルネス瞑想法が現代人のストレスケアに大きなヒントとなることに気づく。自ら様々な流派のマインドフルネス瞑想法や、マインドフルネスの源流である原始仏教を研究・実践し、日本人の精神基盤となっているブッダの教えとともにマインドフルネス瞑想を実践することがより深い心の安定や成長につながることを確信する。現在は同じ考えを持つ大学教授、臨床心理士とともに日本マインドフルネス普及協会を立ち上げ、「誰もがわかりやすく実践できるマインドフルネス」を研修や執筆を通じて広めることをライフワークの一環としている。
おもな著書に『心に折り合いをつけて　うまいことやる習慣』（すばる舎）、『何をやっても痩せないのは脳の使い方をまちがえていたから』（扶桑社）、『図解「めんどくさい」をスッキリ消す技術』（マキノ出版）、『自分の体をお世話しよう～子どもと育てるセルフケアの心～』（ぎょうせい）など。

●日本マインドフルネス普及協会 URL　http://www.mindfulness-fukyu.net/
●奥田弘美オフィシャル HP　http://www.hiromiokuda.net/

ストレスと疲れがみるみる消える！
1分間どこでもマインドフルネス

2016年12月10日　　初版第1刷発行
2019年10月25日　　第3刷発行

著　者 —— 奥田弘美

発行者 —— 張 士洛
発行所 —— 日本能率協会マネジメントセンター
〒103 - 6009
東京都中央区日本橋　2-7-1 東京日本橋タワー
TEL 03（6362）4339（編集）/ 03（6362）4558（販売）
FAX 03（3272）8128（編集）/ 03（3272）8127（販売）
http://www.jmam.co.jp/

装丁／本文デザイン DTP —— 鈴木大輔、江崎輝海（ソウルデザイン）
イラスト —— 村山宇希（ぽるか）
印刷・製本 —— 三松堂株式会社

ISBN 978-4-8207-1953-3　C2034
落丁・乱丁はおとりかえします。　PRINTED IN JAPAN

JMAM既刊図書

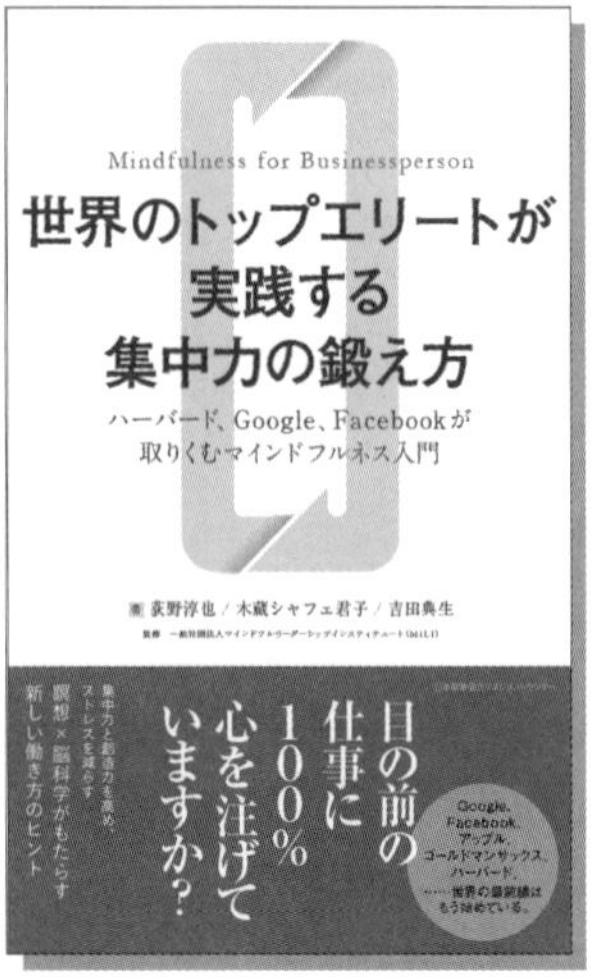

世界のトップエリートが実践する集中力の鍛え方

ハーバード、Google、Facebook が取りくむ
マインドフルネス入門

荻野淳也、木蔵シャフェ君子、吉田典生［著］
一般社団法人マインドフルリーダーシップインスティテュート（MiLI）［監修］

変形A５判 280 頁

なぜ、いま、トップエリートはマインドフルネスに取りくむのか。

マインドフルネスは、ビジネスパーソンにどのような効果をもたらすのか。

本書では、マインドフルネスによって、集中力、注意力、創造性、ストレス軽減、思いやりの心を育み、ビジネスパフォーマンスを高めるための理論と実践法を、最新の海外の事例や脳科学に基づき紹介します。

日本能率協会マネジメントセンター